012sports

サッカー　守備メソッド

個人技・グループ戦術を極める！

SOCCER DEFENSE METHOD

東京ヴェルディユース・コーチ
冨樫剛一 監修
Togashi Kouichi

大泉書店

守備は面白い!

いい攻撃をするには、いい守備をしなければいけないといわれる。
相手の攻撃に対して、正しいポジションを取り、自分たちのゴールを守る。
そして、ただ攻撃をブロックするだけでなく、相手にプレッシャーをかけていき、
能動的にボールを奪うのが、最近のサッカーのディフェンスだ。
自分たちの狙いどおりにボールを奪うことができれば、いい攻撃につながる。
1人での守備の基本から、複数で守るセオリーを学び、
ディフェンスの面白さを感じ取ろう。

サッカー 守備メソッド
CONTENTS

PART 4
局面の守備戦術

PART 5
チームでの守備戦術

PART 6
GKのテクニック

サッカー 守備メソッド
CONTENTS

PART 1
守備の3原則を覚える

3原則その1

ゴールへのラインを意識したポジショニング

「ボール」と「ゴール」を結んだ線上に立つ

CHECK!
相手にゴール方向へのダイレクトな攻撃をさせない！
GOOD
NG

「ボール」と「ゴールの中心」を結んだ線上に立ち、ゴールへ結びつくプレーをさせないようにすることで、相手の攻撃を遅らせたり、その間に自陣の陣形を整えたりする。

原則を守らないと、相手にゴール方向へ攻撃するあらゆるプレーを許してしまう。

常に「ボール」と「ゴールの中心」を結んだ線上に構える

サッカーの守備における大原則のひとつは、ポジショニングだ。基本的な考えは、相手を自分たちのゴール方向にプレーさせないということ。そのためには、相手が持っている「ボール」と、自分たちの「ゴールの中心」を結んだ線上に構えることが大切になる。

　このポジショニングだと、ボールを持った相手がそこからゴールに向かってシュートやパス、ドリブルするのをブロックできる。相手はボールを動かして攻める場所を変えざるを得ず、相手の攻撃を滞らせることができるのだ。各選手が、このゴールラインを意識したポジショニングがとれるかどうかで、ディフェンスのレベルはだいぶ変わってくる。

GKのポジショニング

GKのポジショニングも基本は同じ。「ボール」と「ゴールの中心」を結んだ線上に立てるように、常に周囲を見渡して相手のシュートコースを消していこう。

CHECK!

原則を守って相手のシュートコースを最大限に狭める!

「ボール」と「ゴールの中心」を結んだ線上に立つ原則を守りながら、チャンスがあれば前に詰めてシュートコースを狭める動きも有効だ。ただし、極端に前に出過ぎると、頭上を越すループシュートを狙われるので注意も必要。

POINT CHECK!

ボールに合わせてポジションを移動する

試合中、相手は常にボールを動かして攻撃してくるものだ。そのため、ボールが動いたらそれに合わせてこちらもすばやくポジションを移動することが大切になる。いつもボールとゴールの間に立てるように意識しよう。

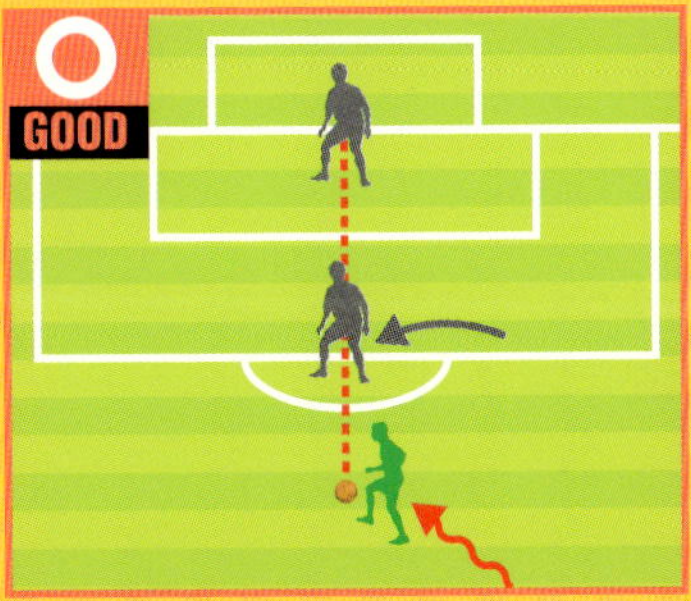

すばやくポジションを移動し、ボールとゴールを結ぶ線上に立ってゴール方向に自由にプレーさせない。

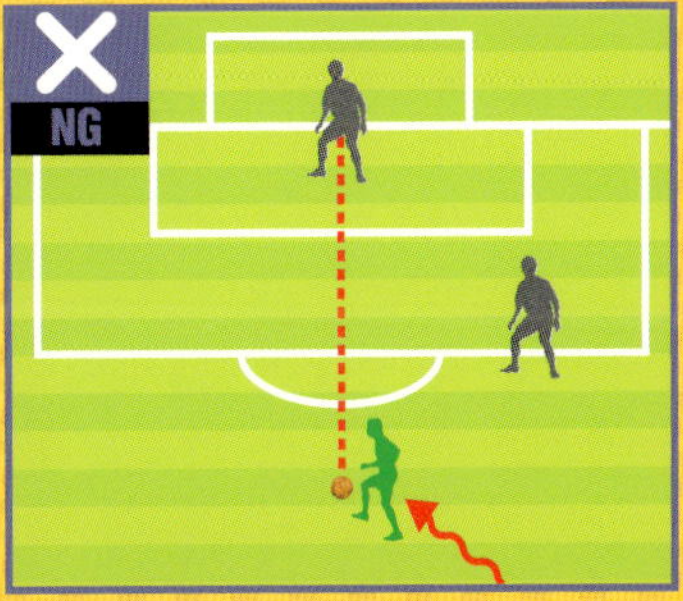

ボールが動いているのにポジションを変えないと、相手にゴール方向へ自由なプレーを許してしまう。

3原則その2-1

優先順位に則《のっと》ったボール奪取を心がける 1

まずインターセプトを狙い ダメならコントロール際を狙う

守備における原則の2つめは、優先順位に則《のっと》って相手ボールを奪うということ。

自分のマークしている相手にボールが出たとき、最初に狙うのは、相手の前に出てボールを奪うインターセプトだ。これができれば、相手と入れ替わるようにボールをカットでき、さらに味方にパスをつなげれば、攻撃の第一歩としても素晴らしいプレーになる。

もちろん、プレーのすべてでインターセプトが狙えるとは限らない。すばやく相手に寄せていってもインターセプトできないときは、次のチャンス、相手がコントロールミスしたときを待つ。ミスが出たらすばやく体を寄せて、相手ボールを奪おう。

自分のマークする相手にボールが出たとき

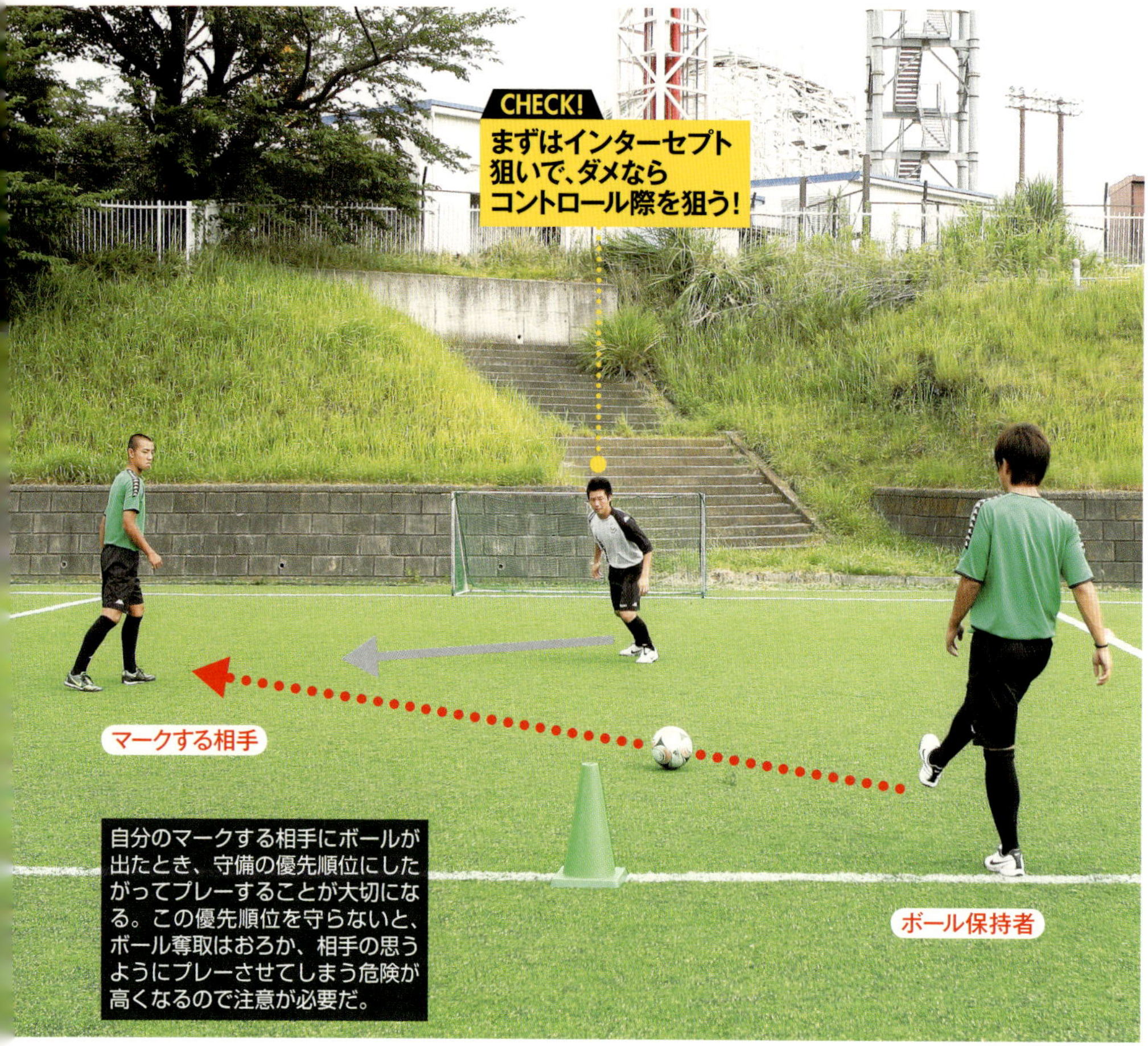
CHECK!
まずはインターセプト狙いで、ダメならコントロール際を狙う！
マークする相手
ボール保持者

自分のマークする相手にボールが出たとき、守備の優先順位にしたがってプレーすることが大切になる。この優先順位を守らないと、ボール奪取はおろか、相手の思うようにプレーさせてしまう危険が高くなるので注意が必要だ。

ボールを奪う優先順位 1 インターセプトを狙う

ボール
守備
攻撃
移動
ドリブル
パス
シュート

マークしている相手の前に自分の体を入れてパスカット。すばやく味方の攻撃につなげる。

自分のマークしている相手に渡りそうなボールを、相手に渡る前に奪うインターセプト。

ボールを奪う優先順位 2 コントロールした瞬間を狙う

ボール
守備
攻撃
移動
ドリブル
パス
シュート

パスが渡る瞬間まで相手に体を寄せて行き、コントロールミスが出たら、すばやく反応してボールを奪う。

インターセプトが狙えなければ、相手のコントロールミスを待ち、ミスが出た瞬間に奪う。

優先順位に則《のっと》ったボール奪取を心がける ２

インターセプトを狙えず、コントロールミスもしなかったとき

インターセプトを狙えず、相手がコントロールミスもしなかった場合でも、守備の優先順位にしたがってプレーすること。ここではボールを奪いに行くというよりも、時間をかせいだり、いかに相手に自由にプレーさせないかを心がける。
CHECK!
振り向かせず、
攻撃を遅らせ、
ライン際へ追いやる!

相手を振り向かせず サイドに追い込む

インターセプトも狙えず、相手がコントロールミスもしなかった場合。３番目の選択として、相手をゴール方向に向かせないように、自分の体をしっかり寄せていく。ゴール方向に体を向けた状態でボールを持たれると、こちらの動きを見ながらプレーされるので、守るのが難しくなるからだ。

ただ、ゴール方向に振り向かれてしまった場合でも慌ててはいけない。４番目の選択として、相手の攻撃を遅らせる（ディレイ）ために、しっかりと相手の動きに対応する。そしてチャンスがあれば、サイドのタッチライン方向へ相手を追いやる（ジョッキー）ようにプレッシャーをかけていき、ゴールから遠ざけるようにしよう。

ボールを奪う優先順位 3　振り向かせない

相手の背中にぴたりと体を寄せてプレッシャーをかけ、ゴール方向に振り向かせないようにする。

ゴール方向へ簡単にプレーさせないよう、すばやく寄せてボールを受けた相手を振り向かせないようにする。

ボールを奪う優先順位 4　ディレイ＆ジョッキー

相手の攻撃を遅らせながら、サイドへと相手を追い込むようにプレッシャーをかけていく。

一気に抜かれないように、間合いを保って対応する。チャンスがあれば体を寄せて行き、相手をサイドへ追い込む。

3原則その③

自分たち主導でボールを奪う

複数で連動してボール奪取

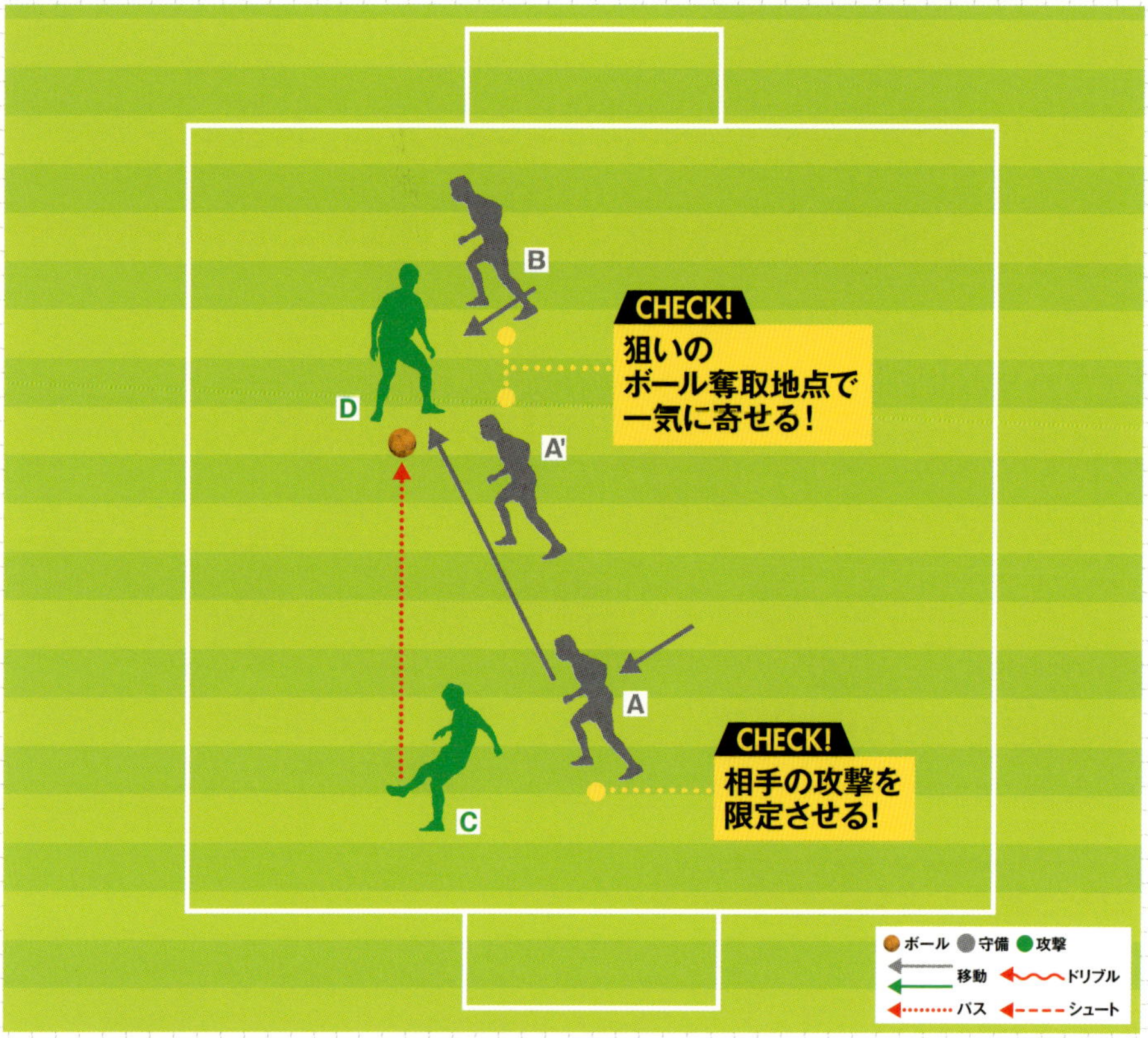
B
CHECK!
狙いの
ボール奪取地点で
一気に寄せる!
D
A'
A
CHECK!
相手の攻撃を
限定させる!
C
ボール
守備
攻撃
移動
ドリブル
パス
シュート

Aがボールを持っている**C**にプレッシャーをかけ、**D**へパスを出させるようにする。**B**はそれを読んですばやく**D**へ寄せて自由にプレーさせず、**A**との挟み込みでボールを奪う。こういった「自分たち主導でボールを奪う」パターンを数多く持っておくと、相手に振り回されない試合運びができる。

相手の攻撃を限定して狙ったところでボール奪取

サッカーの守備は、どうしても相手の攻撃に対応するためのプレーが多くなりがちだ。しかし、対応ばかりで相手に振り回されていては、なかなか思うようにボールを奪えない。

そこで理想としては、守る側の主導で攻撃側を動かし、ボールを奪えるようにしたい。これが守備の原則の3つめになる。まずはボールにプレッシャーをかけにいき、右や左など、相手の攻撃方向を限定すること。そうして相手が攻めてきた先は、こちらが狙っていたボール奪取地点。味方が待ち構えて対応できるようにしておく。複数のプレーヤーで協力すれば、自分たち主導でボールを奪うことが可能なのだ。

狙いを持ってボールを奪う流れ

1
D
B
A
C
CHECK!
AとBは意志を統一して動く！
ボールを持った相手CにAがプレッシャーをかける。

2
Cのプレーを限定させ、狙った方向にパスを出させる。

3
ボールの出どころの相手Dに、Bが寄せてプレッシャーをかける。
CHECK!
数的優位の状況を作ってプレッシャーをかける！

4
AとB2人の状況でDを挟み込んで、ボールを奪う。

INTERVIEW

冨樫コーチに聞く 選手の見極め

――守備面に関して、セレクションなどでは、選手のどんなところを見ているのですか？

冨樫　その選手が、守備に積極的に関与しているのかどうかをまず見ます。例えば、ボールに近い選手であれば、そのボールを奪いにいく守備をしているかどうか。相手に粘り強くついていけているか。ボールから遠い選手ならば、ゴールを意識した守備位置、カバーリングポジションをしっかり取れているかどうかなどを見ます。

――守備のセンスがあるというのは、どんな感じの選手なんですか？

冨樫　簡単には言えませんが、ファールをしないでボールを奪える選手は、センスがあると感じますね。なぜなら、相手についていきながら、相手のやりたいことを読み、こちらの体勢を崩さない足の出し方をしないと、相手からボールを奪えないからです。

また、インターセプトができる選手。これも、相手のプレーを読まないと成功しないので、できる選手にはセンスを感じます。

――DFに向いた身体能力や性格などはありますか？

冨樫　もちろん大きくて、強くて、速い。そんな選手がいれば教えてほしいです(笑)。でも、それがすべてではないと思います。

例えば、サッカーはフライングをしてもいいのです。ですから、相手が速ければ、裏への準備を早くして対応すればいい。相手が大きければ、早く体をぶつけてよいポジションを取ればいい。強ければ、タイミングや重心をズラせればいい。こうして、まめにポジション修正をできれば、足が遅くても裏を取られないし、小さくてもヘディングで勝てるし、弱くてもインターセプトができます。

やはりDFは、周囲への気配り、察知能力の高い人間。いい意味であきらめの悪いことが向いているのでは思います。

PART 2
守備の個人テクニック

このパートの狙いとポイント

個人の守備の原則を学ぼう！

ここでは状況別のポジションニングから、ボールの奪い方、スペースへの対応など、個人に必要な守備の基本技術や戦術を身につけよう。

1 ボールを持っている選手へのマーク

P22-P23

相手に自由に攻撃させないよう、相手を注視しながら構える「マーク」。ここでは、ボールを持っている攻撃選手に対応するときのポジショニングの基本を学ぼう。

2 ボールを持っていない選手へのマーク

P24-P31

ボールは別の相手が持っていて、自分はボールを持っていない選手をマークするとき。このときのポジショニングの基本や、体の向きなどの注意点を押さえよう。

3 ボールを奪う

P32-P47

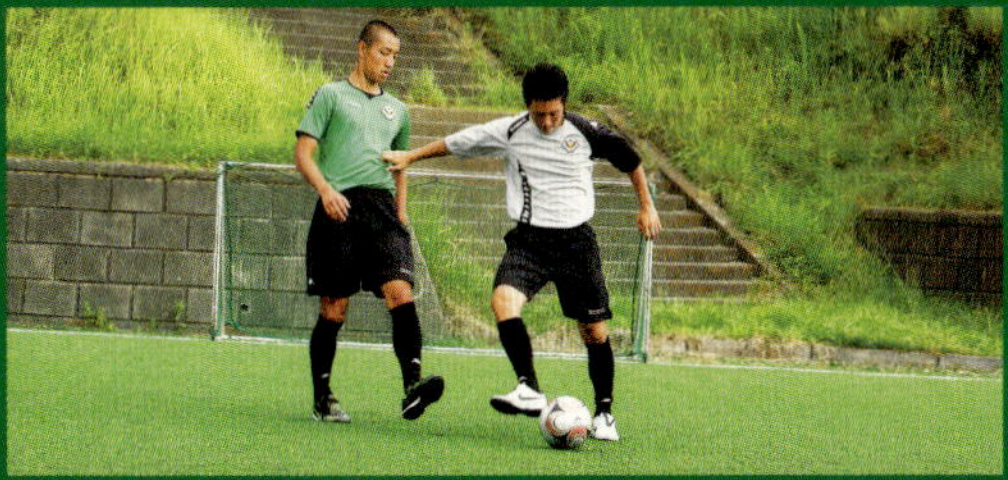

自分がマークしている相手に、ボールが渡るときの守備の優先順位を紹介する。理想はボールを奪うことだが、奪えないときの対応（前を向かせない、ディレイ＆ジョッキーなど）も大切だ。

4 スペースを守る

P48-P53

相手に、自分たちのゴール方向へプレーさせないことが守備の基本だ。ときにはゴール方向へのスペースをケアしながら、パスディフェンスをするプレーも要求される。

ポイント 1

相手とゴールを結んだライン上に構える

相手とゴールを結んだライン上に構える

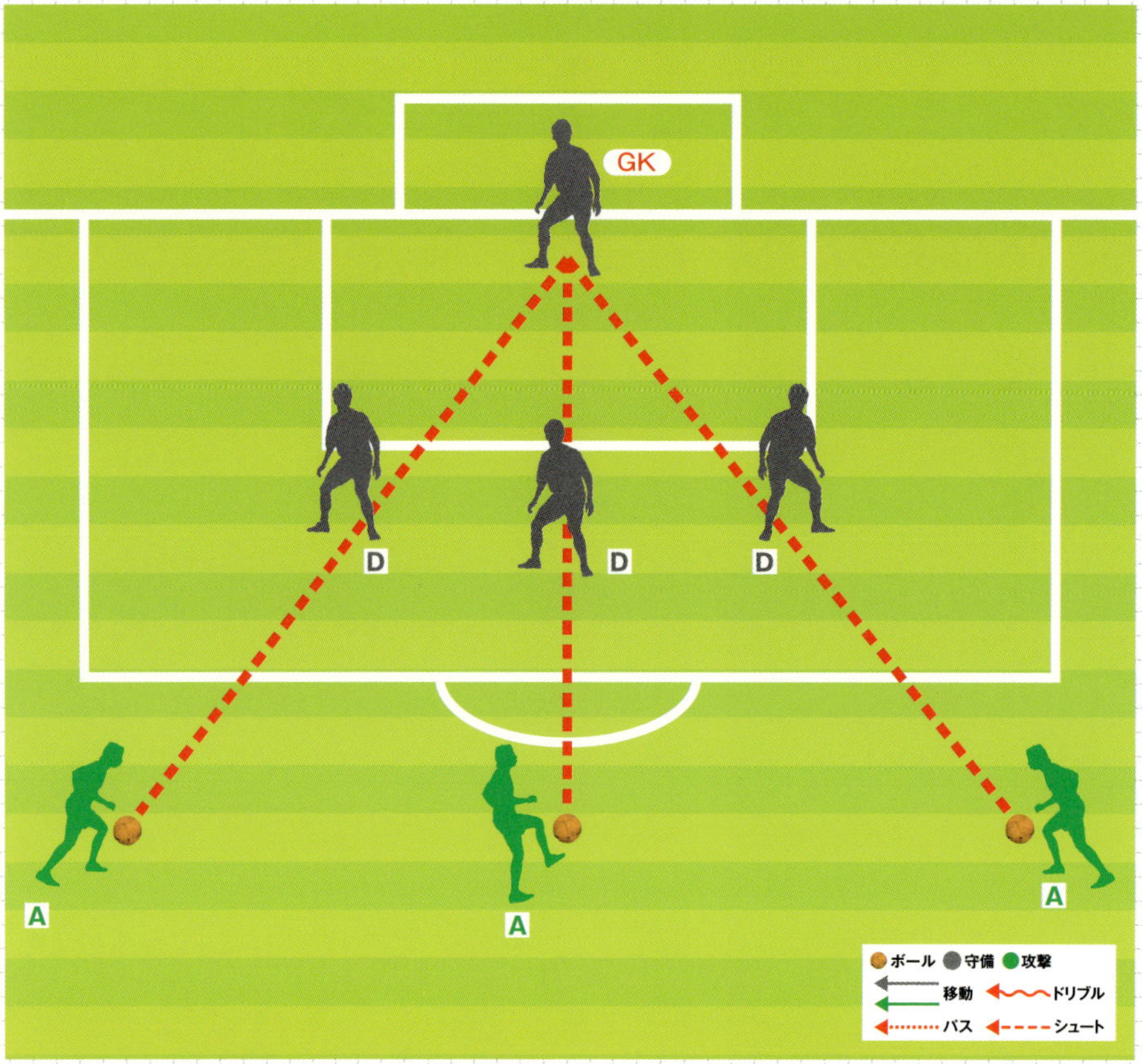

ピッチ上のいかなる場所でも、ボールを持った相手**A**に対して、守る側の**D**のポジショニングは、相手**A**と自分たちのゴールを結んだライン上になる。

ゴール方向へのプレーを許さないポジショニング

守備をするうえでの基本として、まず考えなければいけないのがポジショニングだ。攻めてくる相手に対して、どの位置に構えて守るのかを覚えよう。

　ここでは、ボールを持っている相手に対するポジショニングを説明する。大切なことは、相手にゴール方向へのプレーをさせないこと。そのためには、相手と自分たちのゴールの中心を結んだ、ライン上に位置するのがいい。相手は構えているこちらが邪魔になって、ゴール方向にシュートやパスをしたり、ドリブルで進んだりすることが難しくなるからだ。

　ピッチ上のどんな場所でも、ボールを持っている相手にはこの原則を忘れないで実行しよう。

ライン上に構える
GOOD
CHECK!
いつでも相手と
ゴールのライン上に
ポジショニングする!
相手とゴールを結んだライン上に構えれば、相手はゴール方向へプレーするのが難しくなる。

ライン上に構えていない
NG
CHECK!
相手に直接ゴールに
向かうあらゆる
プレーを許してしまう!

攻撃側は、手数をかけずに直線的にゴールを目指してくるが、それを簡単に許してしまうことになる。

POINT CHECK!

相手になるべく寄った位置で構える

相手とゴールを結んだライン上へのポジショニングを守ったうえで、できるだけ相手に寄せる（アプローチ）ことを心がけよう。相手との距離があるときよりも、相手との距離が近いほうが、より多くの攻撃コースを防げるし、相手にもプレッシャーをかけられるからだ。

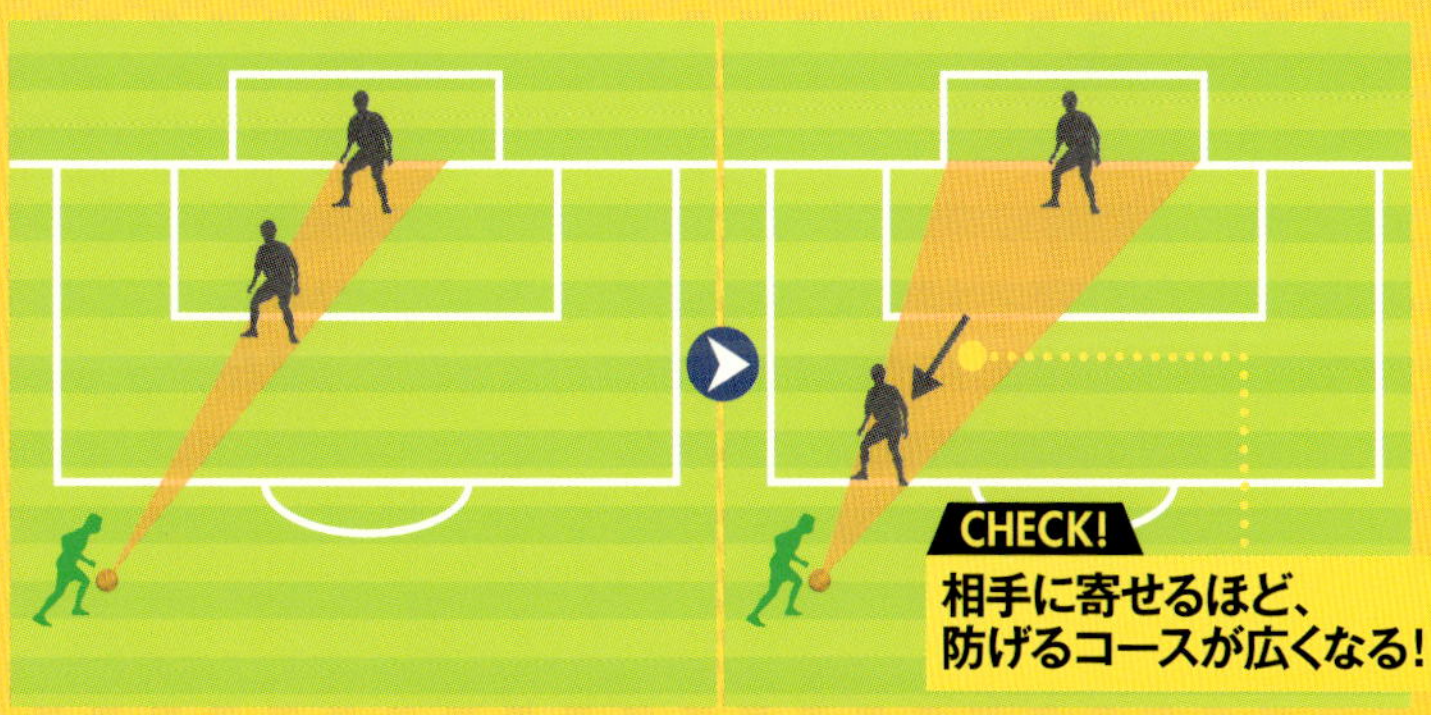
CHECK!
相手に寄せるほど、
防げるコースが広くなる!

相手に寄せていくほど、より多くの攻撃コースを防ぐことができる。

ボールを持っていない選手へのマーク

トレーニング

守備の個人テクニックを鍛える

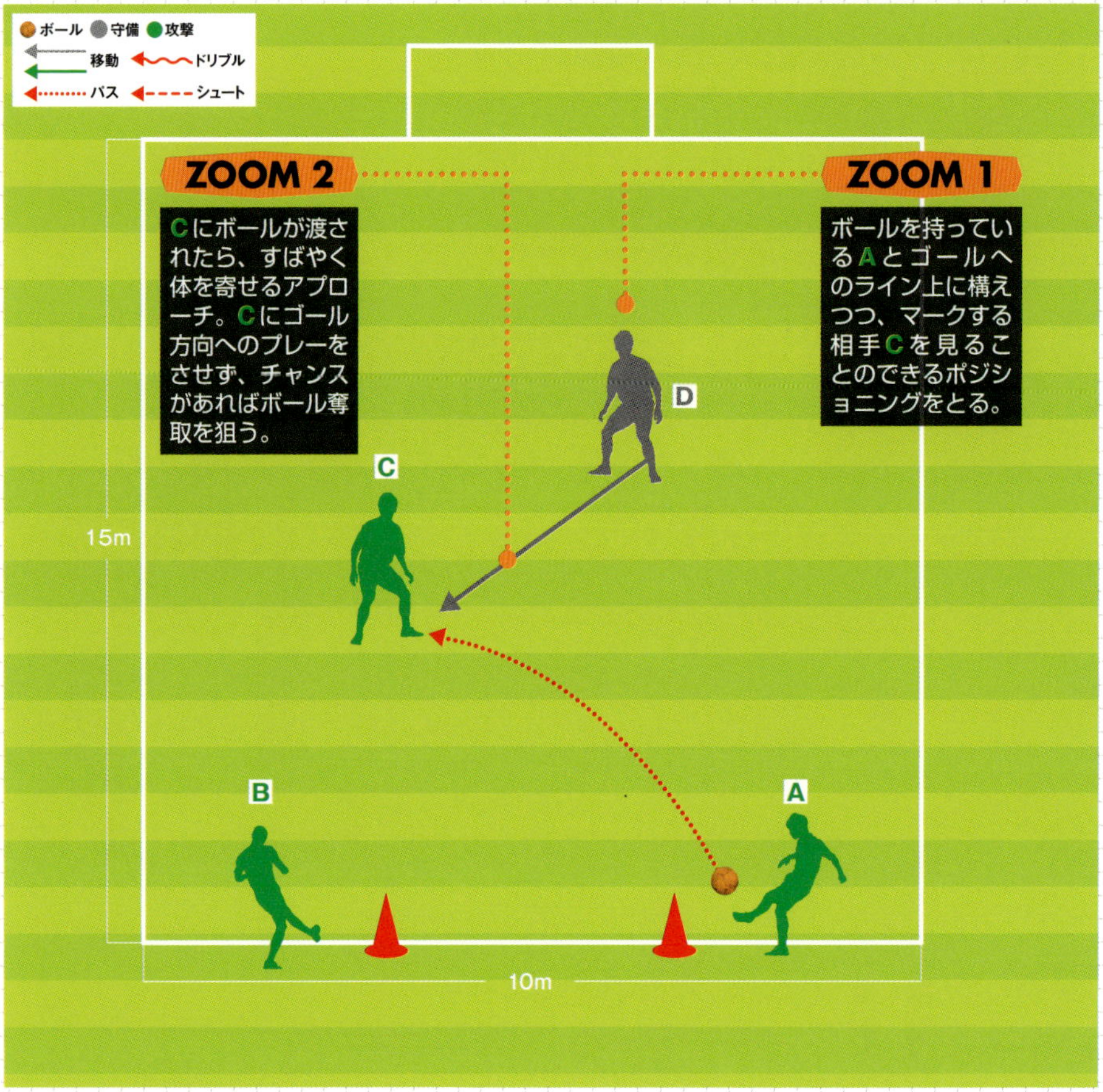
ボール
守備
攻撃
移動
ドリブル
パス
シュート
ZOOM 2
Cにボールが渡されたら、すばやく体を寄せるアプローチ。Cにゴール方向へのプレーをさせず、チャンスがあればボール奪取を狙う。
ZOOM 1
ボールを持っているAとゴールへのライン上に構えつつ、マークする相手Cを見ることのできるポジショニングをとる。
D
C
15m
B
A
10m

相手をマークしながらボールを奪うチャンスをうかがう

守備の、さまざまな個人テクニックを身につけるトレーニングを紹介。サーバー（パスの出し手）からボールを受けてゴールを狙う、攻撃選手との1対1だ。状況に合わせたポジショニングの原則を守って、しっかり守れるようにしよう。

トレーニングの方法 Training Method

- 縦15m×横10m程度のピッチを作り、両側にミニゴール（もしくはゴールに見立てたコーン）を置く。
- Dは1人で守る。ボールを奪ったら、コーンで作ったゴールへパスするか、ドリブル通過を狙う。
- AとBは、Cへのサーバーの役目で、1タッチ制限。直接ゴールを狙ってもいい。Cは2タッチ制限。Dのマークをかわしながら、ボールを受け、ゴールを狙う。

ZOOM 1 ライン上に構えてマークする相手を見る

守備Dは、ボールを持つサーバーAと自ゴールを結んだライン上に構え、ボールを持つ選手AとマークするCの選手を同時に見られるポジションを取り続ける。

ZOOM 2 ボールを奪うチャンスをうかがう

AからCにボールが出た瞬間に動き出す。

すばやくアプローチしてインターセプトする。

ボールとマークを同一視する

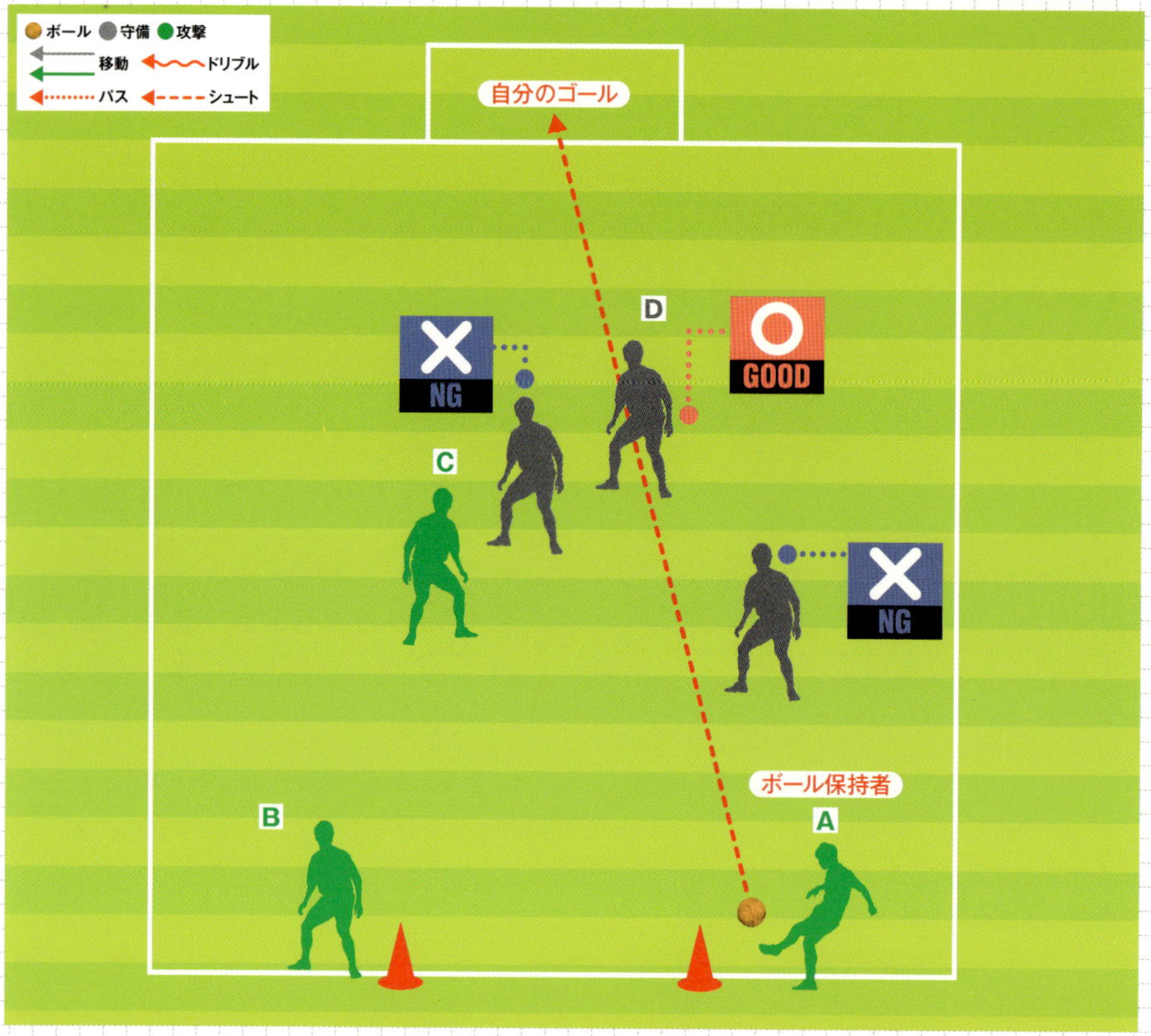

Aがボールを持ち、Cをマークしなければいけない場合、守備Dは、Aとゴールを結ぶライン上に構えつつ、Cの動きを見られるポジションでAとCの両方を見るのが基本。AもしくはCに寄りすぎると、相手の攻撃を防ぐことができない。

ボール保持者とマーク相手の両方を見られるポジショニング

ボールを持っていない攻撃選手に対する、マークの基本を学ぼう。マークする相手にボールを出させないようにしたり、ボールが出ても自由にプレーさせないよう、その攻撃選手に対して近い位置で注意しておきたい。

ただし、ボールが出てくる場所の状況も同時に把握しながら、ポジショニングする必要がある。

前ページのトレーニングを例にすると、守備DがCばかりを見て寄せすぎたりすると、Aが直接ゴールを狙うシュートを防げない。したがって、ボール保持者とマーク相手の両方を同一視できるポジショニングをすることが大切になるのだ。

ボールとマークを同一視する

POINT CHECK!

ボールとマークの両方の攻撃を防ぐ

ボール保持者とマークする相手の両方を見られるようにするのは、両者からの攻撃を防ぐのが目的。そのため両方を見ることができていても、ポジショニングを間違えてしまうと、パスを出されたり直接シュートを狙われたりするので注意しよう。

守備は、ボールの保持者と自分のゴールを結んだライン上に構え、ボール保持者とマークする選手の両方を見ることができるポジションを取る。

マークに近すぎる

ボール保持者とマークの両方を見ているが、マークに近すぎるポジションをとっているため、ボール保持者からゴールへの直接のシュートを防ぐことができない。

ボール保持者に近すぎる

ボール保持者とマークの両方を見ているが、ボール保持者に近すぎるポジションをとっているため、マークの前方にパスを出されたら対応できない。

ポイント 2

体の向きと姿勢に注意する

マーク相手に体を向ける

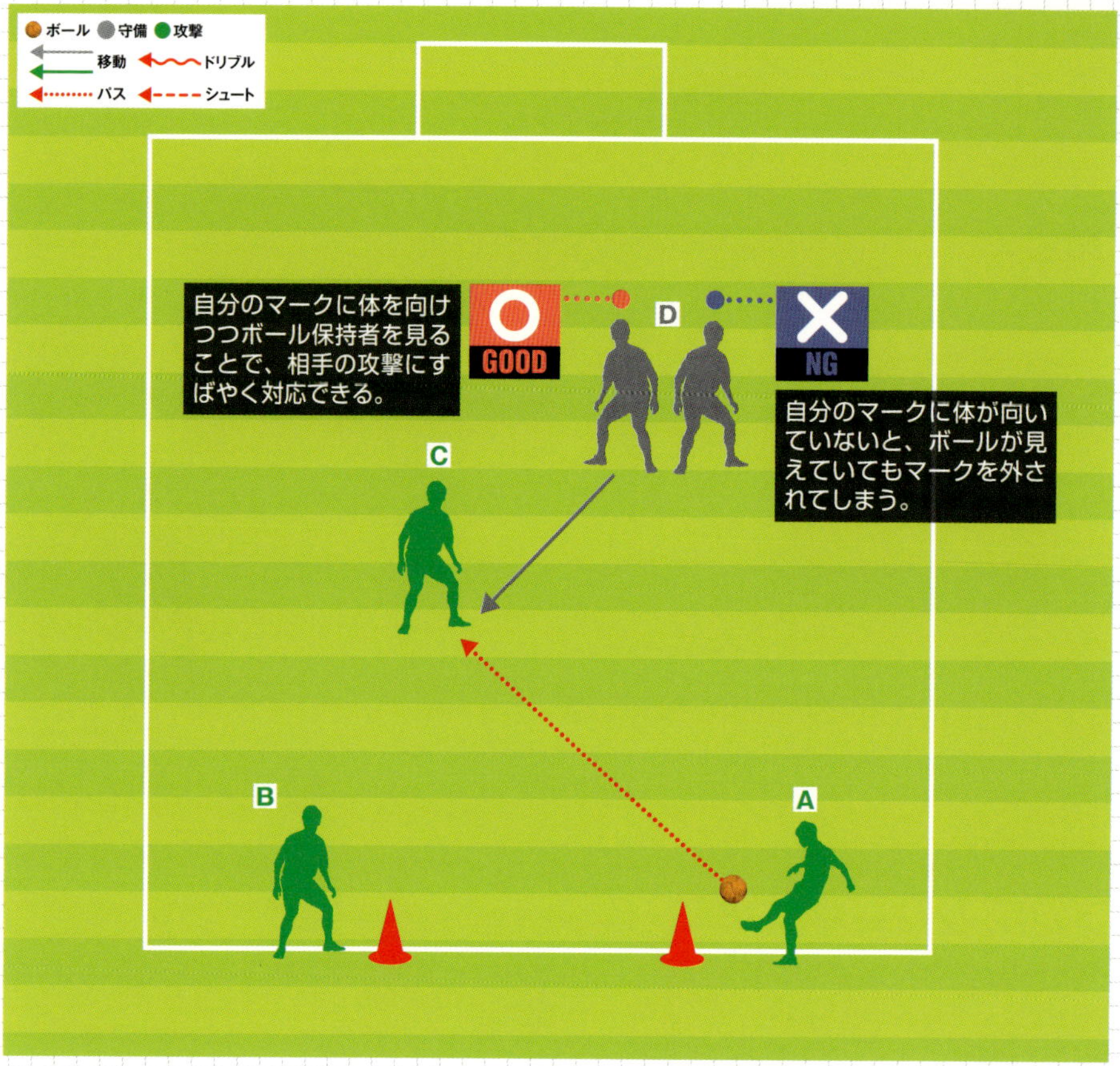
ボール
守備
攻撃
移動
ドリブル
パス
シュート
自分のマークに体を向けつつボール保持者を見ることで、相手の攻撃にすばやく対応できる。
GOOD
D
NG
自分のマークに体が向いていないと、ボールが見えていてもマークを外されてしまう。
C
B
A

マークのCに体を向けつつ、ボール保持者Aの動きも視界に入れておくことが大切。

マークへ体を向け、ボール保持者を視界に入れる

守備者が、ボール保持者とマークする相手の両方を見られるようにするには、自分の体の向きにも気を使わなければいけない。

イラストのような状況の場合、Dはマークする相手Cのほうへ体を向けつつ、ボール保持者のAも視界に入れるようにするのが基本になる。Cとは反対のほうへ体を向けてしまうと、Cの動きが把握できないからだ。

また、ヒザを曲げて重心を低くした姿勢をとる。こまめに首を振って、AやCの状況を把握しながら、前後左右にすばやく動けるようにして、次の展開に対応できるようにしておこう。

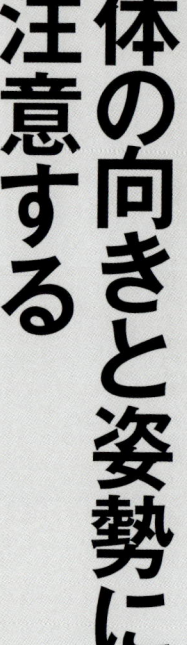

マーク相手に背を向ける

NG

マーク相手に背を向けた状態で、ボール保持者を見ている。これでは肝心のマークの動きがつかめず、相手の攻撃に遅れをとることになる。

マーク相手に向きながらボールを見る

GOOD

マークする相手へ体を向けながら、首を振ってボールの状況を見る。これならマークの動きも視界に入っているので、相手の攻撃に対応できる。

POINT CHECK!

ヒザを曲げて重心を低く構える

体の向きと同時に、構えるときの姿勢にも注意したい。目的はどんな展開にも対応できるよう、前後左右にすばやく動ける体勢をとっておくこと。ヒザを軽く曲げて、重心を低くした姿勢で構えることが大切だ。逆に棒立ちのような体勢だと、瞬間的な動きができず、相手のすばやい攻撃に対応できなくなるので注意しよう。

GOOD

ヒザを軽く曲げ、重心を低くした体勢で構える。

NG

棒立ちのような高い重心では相手の攻撃に対応できない。

ポイント 3

アプローチしつつ裏を取られない

アプローチできる位置へ移動する

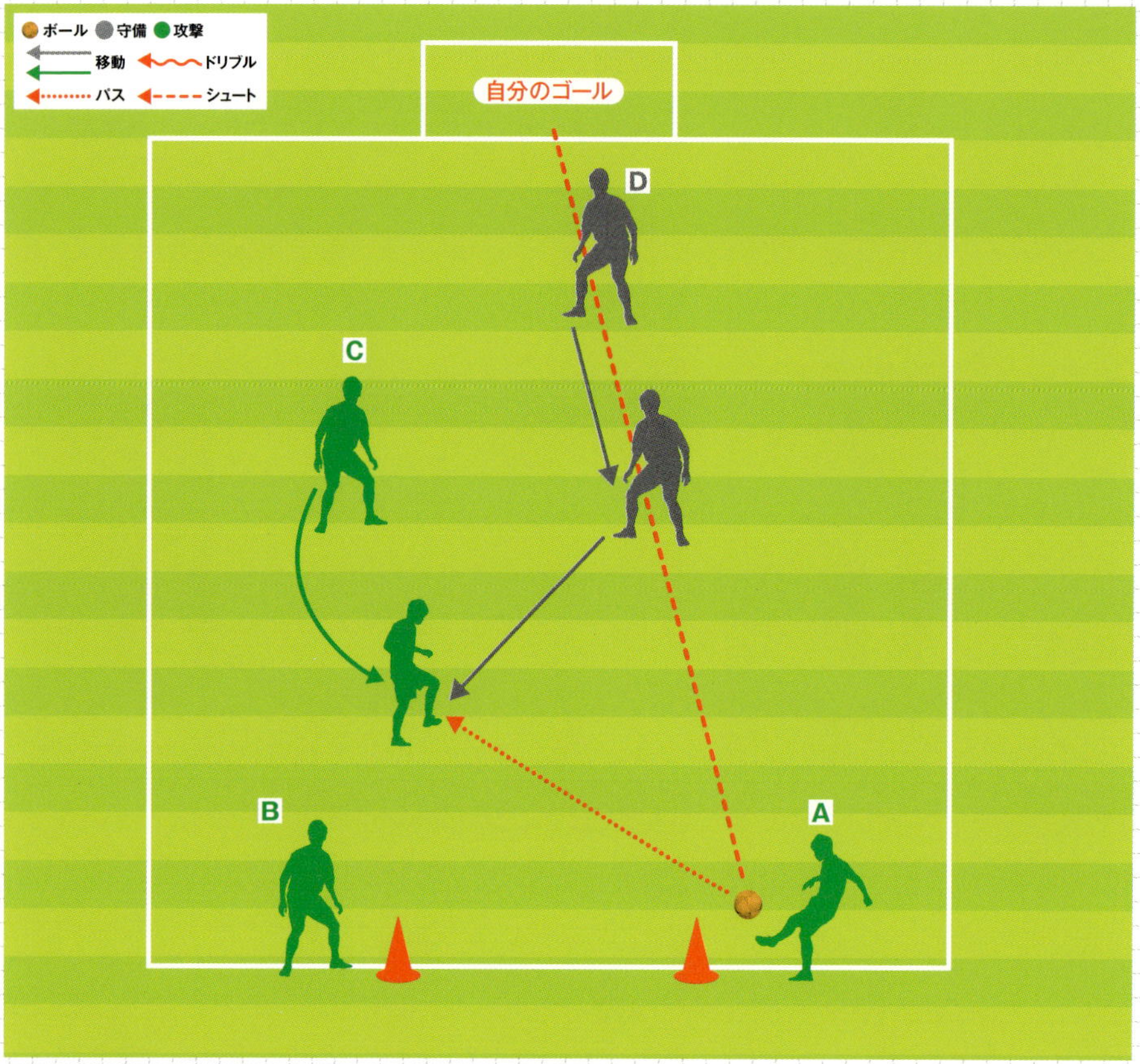
ボール 守備 攻撃
移動
ドリブル
パス
シュート
自分のゴール
D
C
B
A

Cが守備Dのマークを外そうと、動いてボールを受ける動きを見せたら、Dもポジションを移動する。そして、Cへボールが出たら、すぐにアプローチできるようにしておくことが大切。

相手の動きに対応しつつボールが出たらすぐ寄せる

守備側がマークの原則をしっかり守ってポジショニングしてきたら、攻撃側の相手はこの守備側のマークを外そうと動いてくる。そして、その動いた先にパスが出てくるはずだ。

守る側はその動きに対して、守備の原則を守りながらポジションをこまめに変えて対応しなければならない。

そして、ボールが出たら、すばやく体を寄せるアプローチで、マーク相手を自由にプレーさせないようにする。ただし、ここでアプローチを焦ると、マークする相手に寄りすぎてしまい、簡単に裏を取られるミスも出やすいので気をつけよう。

相手マークに合わせて移動する

1
守備DはAからCへボールが出たので一気に寄る。
B
C
D
A

2
身動きの取れないCがBへボールを戻す。

3
守備DはBとゴールライン上に構える
CHECK!
移動するときもポジショニングの原則を守る！

4
CHECK!
寄せるときのスピードが大切！
BからCへボールが出たのでCへ寄せる。

5
守備DはCに自由にプレーさせない。

6
攻撃できないCはAにボールを戻す。
D
C
B
A

POINT CHECK!

マークに焦りは禁物

正しいマークの状況からマークへボールが出たら、すかさず相手に体を寄せるアプローチで自由にプレーさせないようにする。この寄せるときのスピードが、守備ではとても大切になるのだ。また、マークへ早くアプローチしたいがために、ポジション移動で焦って寄り過ぎてしまうと、簡単に裏を取られてしまうので注意しよう。

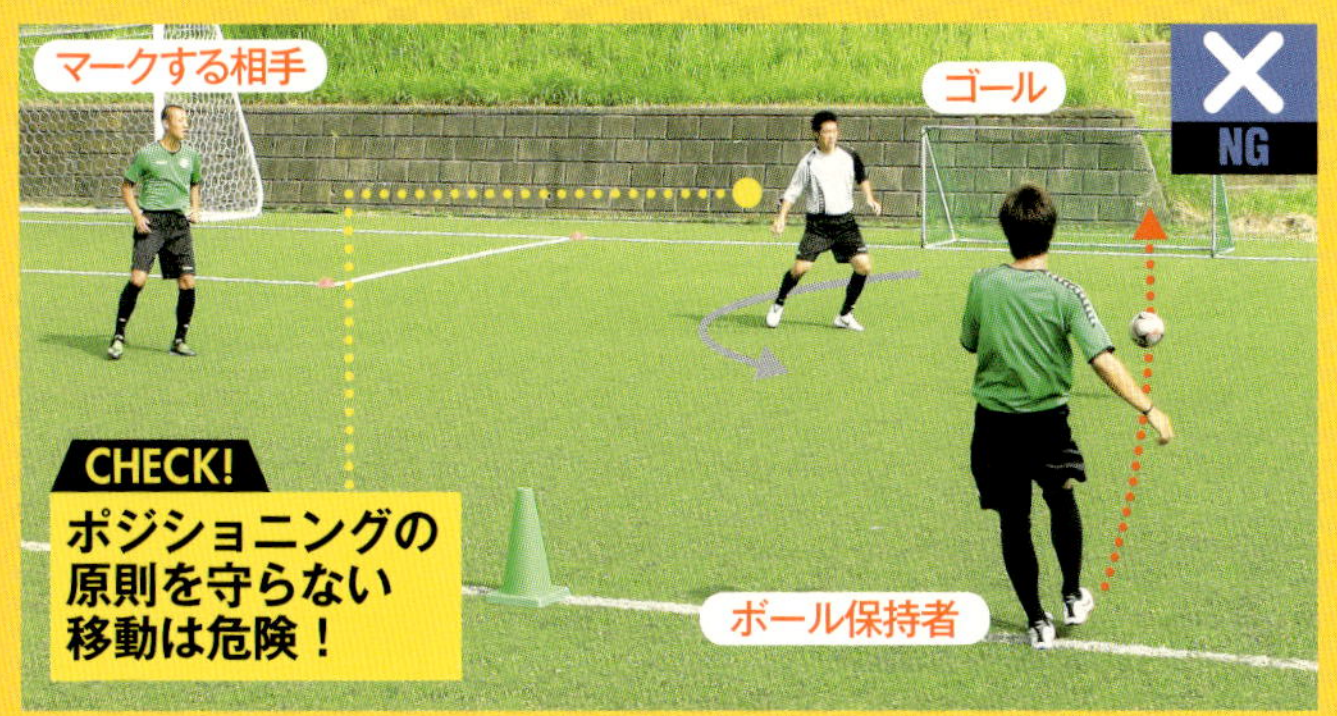
マークする相手
ゴール
NG
CHECK!
ポジショニングの原則を守らない移動は危険！
ボール保持者

マークのポジション移動で焦ってマークに寄りすぎると、簡単に裏を取られてしまう。

インターセプト

3
相手より先に相手の前でボールに触り、パスをカットする。
CHECK!
相手の前に出ることで先にボールに触る!

相手の前でパスをカットする

相手に簡単に攻め込まれないよう、正しいポジショニングを覚えたら、次は相手からボールを奪うことを考える段階に入る。

相手ボールを奪う手段のいちばんの理想は、インターセプトだ。自分がマークしている相手に渡ろうとするパスを、相手の前に出てボールカットする。

確実にマイボールにしたら、すぐに切り替えて、パスやドリブルなど自分たちの攻撃に移るようにする。相手と入れ替わるようにボールを奪えるインターセプトは、相手の守備が整わないうちに、有効な攻めにつながることも多い。

正しいポジションをとったら、まずはインターセプトでボールを奪えるのかを考えよう。

インターセプトの流れ

1 相手に体を向けてマークしながら、ボールの出てくる方向を見る。

2 ボールが出てきたのを確かめ、相手の前に自分の体を入れる。

CHECK!
カットできると見極めたらすかさず動く！

POINT CHECK!

むやみに狙うと裏を取られる危険もあるので注意

何でもかんでもインターセプトと考えて相手の前に出ようとしても、パスが速いときなどは、自分の寄せより先に相手にボールが渡って、簡単に裏を取られてしまう。パスが出されたときに、カットできるのかどうかの見極めが大切だ。

無理にインターセプトを狙うと、逆に裏を取られて攻め込まれる危険が高い。

インターセプトのコツ

正しいインターセプト

ヒザを曲げて重心を落とした低い姿勢で、相手に近いほうの足から、相手の前に自分の体を入れてボールを奪う。

相手に近い足を相手の前にすばやく入れる

インターセプトに大事なのは、まずマークする相手の前に自分が入って、パスカットできるかという判断。そして、「インターセプトする！」と決断したら、それをさせまいとする相手との競り合いに勝って、相手の前にきちんと体を入れてボールを奪うようにしないといけない。

ポイントは相手に近いほうの足から、相手の前に自分の体を入れて、相手をしっかりとブロックできる体勢になること。自分のプレーエリアを確保して、ボールを奪うようにする。

これが逆足の、相手に遠いほうの足を前に出そうとすると、体に力が入りにくい体勢になり、相手に競り負けてしまうので注意だ。

相手に体を入れられる

1 ✕ NG

マークしている状況からボールが出てくるのを確認。

2

相手から遠いほうの足を伸ばして体を入れようとする。

CHECK!
相手から遠い足を伸ばしても前に入れない！

3

体に力が入らない体勢なので、ブロックできずに飛ばされる。

相手の前に体を入れる

1 ○ GOOD

相手をマークしているところでボールが出てくる。

2

CHECK!
体を入れることでプレーエリアを確保する！

相手に近いほうの足から、相手の前に体を入れる。

3

しっかりとパスカットし、インターセプトに成功する。

ポイント 3

ヘディングで競り合う

ヘディングの競り合いの流れ
1
相手をマークしているところで、浮き球のボールが向かってくる。
GOOD
2
相手の前に自分の体を入れて、プレーエリアを確保する。
CHECK!
相手に近いほうの肩を入れる!

相手に近い肩から相手の前に体を入れる

ヘディングのインターセプトを紹介する。グラウンダー（転がるボール）のパスをインターセプトするときと、ポジションなどの状況はほとんど同じ。違うのは向かってくるボールが、浮き球の点だ。

ポイントも同じで、ボールカットの前に相手の前に自分の体を入れ、相手をブロックしながら自分のプレーエリアを確保しなければいけない。ただし、ヘディングの場合は、相手に近いほうの「肩」から相手の前に入るようにして、自分の体を入れる。

ヘディングのインターセプトでも、余裕があればボールカットするだけでなく、味方へのパスにして、すぐに攻撃へ切り替えられるようにしてみよう。

NG
相手に自分の前に入られると、競り合いが厳しくなり、先にヘディングされてしまう可能性が高い。

3
ヘディングでボールをカット。インターセプトする。

POINT CHECK!

ヘディングは肩の入れ合いの勝負

ヘディングでのインターセプトに成功するかどうかは、マークする相手との「肩の入れ合い」にかかっている。相手より前に自分の肩が入れば、成功の確率は高いし、相手の肩が自分の前に入ってしまえばインターセプトは難しい。浮き球をしっかりと自分のボールにできるよう、練習を積んでおこう。

GOOD
自分の肩が相手の前に入っている。

NG
相手の肩が自分の前に入っている。

ポイント4

コントロールミスの瞬間を狙う

3
4
CHECK!
一気に攻撃に転じる！

すばやく体を寄せて、そのボールをカットする。

しっかりとマイボールにして、自分たちの攻撃につなげる。

相手の足からボールが大きく離れた瞬間を狙う

マークしている相手の前に出て、相手へ向かってくるパスを直接カットして奪うのがインターセプト。だが、試合ではそのインターセプトが狙えないケースも多くある。そんなとき、次に相手のボールを奪うチャンスは、マークする相手がコントロールミスをしたときになる。相手の足から大きくボールが離れたら、すばやく反応してボールカット。そこから自分たちの攻撃につなげよう。

　このコントロールミスに対応するには、相手にボールが渡った瞬間、ゴール方向へのプレーを許さないポジショニングの原則をしっかり守ることが大前提だ。低い姿勢で相手の手前でしっかり止まって、次の状況に対応しよう。

相手のコントロールミスを狙う流れ

1 START
CHECK!
相手の手前でストップして対応する！
インターセプトできず、マークしている相手にボールが渡る。

2
CHECK!
相手のミスを逃さず奪いにいく!
相手が足元からボールを大きく離すコントロールミス。

POINT CHECK!

低い姿勢で相手の手前でストップする

相手のコントロールミスを狙う場合は、相手へ体を寄せていってインターセプトを狙ったが、できなかったというケース。そんなときは、相手近くの手前でストップし、低い姿勢を保つことでコントロール際にかわされないように注意しよう。

○
GOOD

体を寄せにいき、相手の手前でしっかりとストップ。次の状況に対応する。

×
NG

体を寄せにいったままストップせずに流れると、相手に裏を取られやすい。

コントロールミスを狙うコツ

ボールを奪いにいく流れ

1
インターセプトできなかったので、手前で低い姿勢をとる。
2
CHECK!
ボールが見えているので迷わず奪いにいく!
ボールが見える方向に相手がコントロールミスをした。

ボールが見えている方向へのコントロールミスを狙う

　マークしている相手のコントロールミスを狙って、ボールを奪うケースのポイントを紹介する。

　このケースでは、ボールを奪いにいっていいときと悪いときがあるのだ。条件として、自分からボールが見えている方向に、相手がコントロールミスした場合。このときは、すばやくボールを奪いにいく。また、ボールを奪う際は相手に近い足から相手の前に体を入れるという基本を守ること。

　しかし、自分からボールが見えない逆方向に相手がミスした場合、ボールと自分の間に相手がいる状態なので、ボールが相手の体でブロックされてしまう。そのため、このケースでは無理にボールを奪いにいってはいけないのだ。

逆足で奪いにいく

ボールが見える方向に相手がミスしても、相手から遠いほうの足で奪いにいくと、簡単にブロックされてしまう。

相手に近いほうの足から体を入れてボールを奪う。

CHECK!

この場合は右足から入れることでプレーエリアを確保する

POINT CHECK!

奪いにいくかいかないか その見極めがカギ

ボールが見える方向のコントロールミスなら果敢に奪取しにいきたい。しかし、見えない方向にミスした場合は、ボールと自分との間に相手の体がしっかりと入っている状況になるため、ボール奪取が難しくなる。あえて無理に体を寄せにいくと、ターンされて裏を取られることもあるので注意していこう。

相手がコントロールミスしても、ボールが相手にブロックされた状況で取りにいくと、裏を取られる危険が高い。

ポイント

相手を振り向かせず自由にプレーさせない

体を寄せて前を向かせない動き

1
相手がボールを受けようとするときに動き出す。
2
相手のボールコントロール時には、しっかりと体を寄せていく。
CHECK!
インターセプトできず、相手のコントロールミスもないとき！

相手から離れずに体をしっかり寄せていく

ボールをインターセプトできず、マークする相手のコントロールも正確で、ボールを奪うチャンスがなかった。

そうしたときの次の対策は、相手に前を向かせないことになる。相手はボールコントロール時に、こちらから離れ、振り向いて前（ゴール方向）を向いてプレーしようとしてくる。こちらとしては、相手と対面した形になると、相手にこちらの動きを見られながらプレーされるので、対応することやボールを奪うことが難しくなってしまうのだ。

そこでコントロール時には、相手とボールの動きに注意して、相手から離れずに体をしっかりと寄せていくことが必要になる。

NG

相手に前を向かれると、守備の対応が難しくなる。

NG

相手はこちらを背負いながら振り向くケースもある。しっかりと体を寄せつつも、こうしたターンをされないように注意することが大切だ。

3
相手のコントロール後も体を寄せつづけて前を向かせない。

CHECK!

体を寄せて前を向かせないことで自由にプレーさせない!

POINT CHECK!

ボールをつつくチャンスもある

相手に前を向かせずに、自分の体をしっかりと寄せた状態ならば、ここから相手のボールの置く位置によっては、相手の足の間からボールをつつけることもある。そして、つついたボールを周りの味方が拾えれば、ボールを奪えるチャンスになるのだ。

体をしっかりと寄せていれば、相手の足の間からボールをつついて、ボールを奪うチャンスも作ることができる。

相手の攻撃を遅らせ狭いスペースへ追い込む

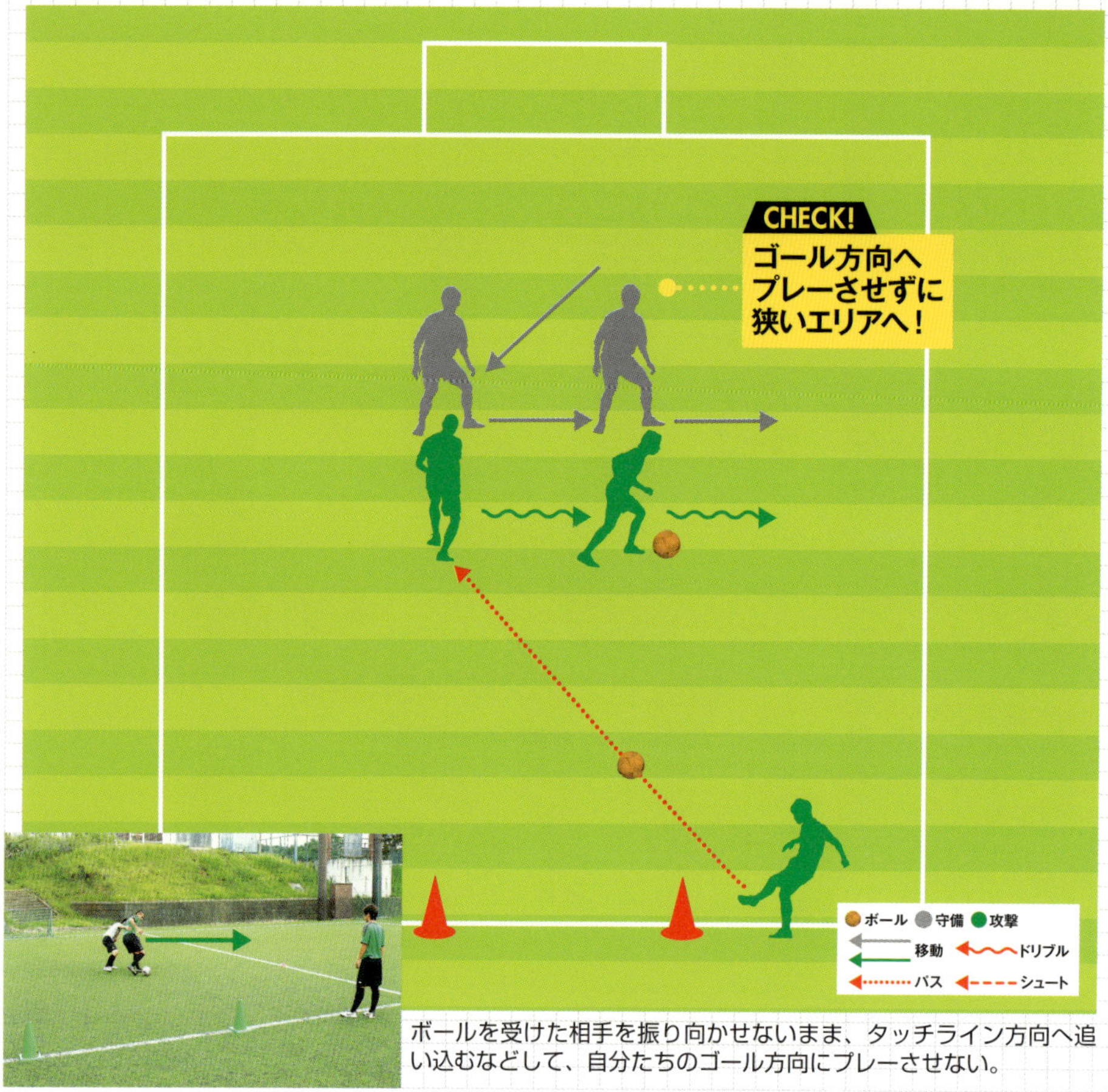
CHECK!
ゴール方向へ
プレーさせずに
狭いエリアへ！
ボール
守備
攻撃
移動
ドリブル
パス
シュート

ボールを受けた相手を振り向かせないまま、タッチライン方向へ追い込むなどして、自分たちのゴール方向にプレーさせない。

自ゴール方向へプレーさせない意識

相手のボールコントロール時にしっかりと体を寄せて、相手を振り向かせないようにできたら、そのまま前を向かせずに相手の攻撃を遅らせ（ディレイ）、相手がプレーしにくい方向にプレッシャーをかけて追い込んで（ジョッキー）いく。ポイントは、自分たちのゴール方向にプレーさせないこと。そうすれば、味方の戻りを待って、複数で相手を挟むようにできるので、ボールを奪える可能性が高くなるからだ。

また、タッチライン方向など、狭いエリアに相手を追い込むようにプレッシャーをかけていけば、相手にミスが出て、ボールを奪えるチャンスも出てくるので、追い込む方向にも注意しよう。

ディレイ&ジョッキーの流れ

1
自ゴール方向
相手のコントロール時に体を寄せて前を向かせない。
CHECK!
相手の攻撃を遅らせるディレイ!
2
プレッシャーをかけて自ゴール方向にプレーさせない。
タッチライン
3
相手がプレーしにくい狭いエリアに追い込んでいく。
CHECK!
タッチライン方向などへ追い込むジョッキー!

POINT CHECK!

入れ替わりを狙う相手に注意しよう

ディレイ&ジョッキーをするとき一番やってはいけないミスが、相手にターンされて身体を入れ替われてしまうこと。うまい相手の場合は、決して無理をせずに自分たちのゴール方向に向かわせないことを第一に考えてプレーすることが大切だ。

NG

しっかりとタッチライン方向に追い込まないと、相手にターンされる危険があるので注意。

身につけておくと便利なディフェンステクニック

ステップは状況に合わせてスライディングは最後の手段

相手のプレーや動きに対しての、対応がメインになるディフェンスのプレーでは、ステップワークが非常に大切になる。

　ステップは2種類覚えておくと便利だ。「サイドステップ」は、移動させた片足にもう一方の足をついていかせるようなステップ。「クロスステップ」は、名前のとおり両足が交差するような感じで、先に踏み込んだ足を、次に踏み込む足が追い越すようにして、走っていくステップだ。いずれもボールのあるほうに体を向けながら、移動できるメリットがある。

　スライディングはディフェンスの最後の手段といわれる。100パーセント、ボールを処理できるときにだけ使うようにしよう。

サイドステップ

片足をもう一方の足についていかせるようなサイドステップは、両足が地面をはうような足運びになるので、左右の変化など細かい対応をするときに便利だ。

CHECK!
片足をもう一方の足に近づけ、そこからもう一方の足を出す！

クロスステップ

両足が交差するように、一方の足を追い抜く足運びになるクロスステップは、一歩の歩幅が大きいので、移動するスピードが必要なときに便利だ。

CHECK!
片足でもう一方の
足を追い抜くステップ！

スライディングのイメージ

体を寝かせてしまうスライディングは、その後のプレーの対応が遅れるので、クリア、ボール奪取など、100パーセント成功する自信を持った中でやる。ここでは、ボールを奪ってすぐ次のプレーに移るスライディングを紹介。ボールの横から滑り込み、手を軸にしながら体を回転させてボールを足に引っかけ、すぐに起き上がることがポイントだ。

3対3の守備練習

3対3の守備練習

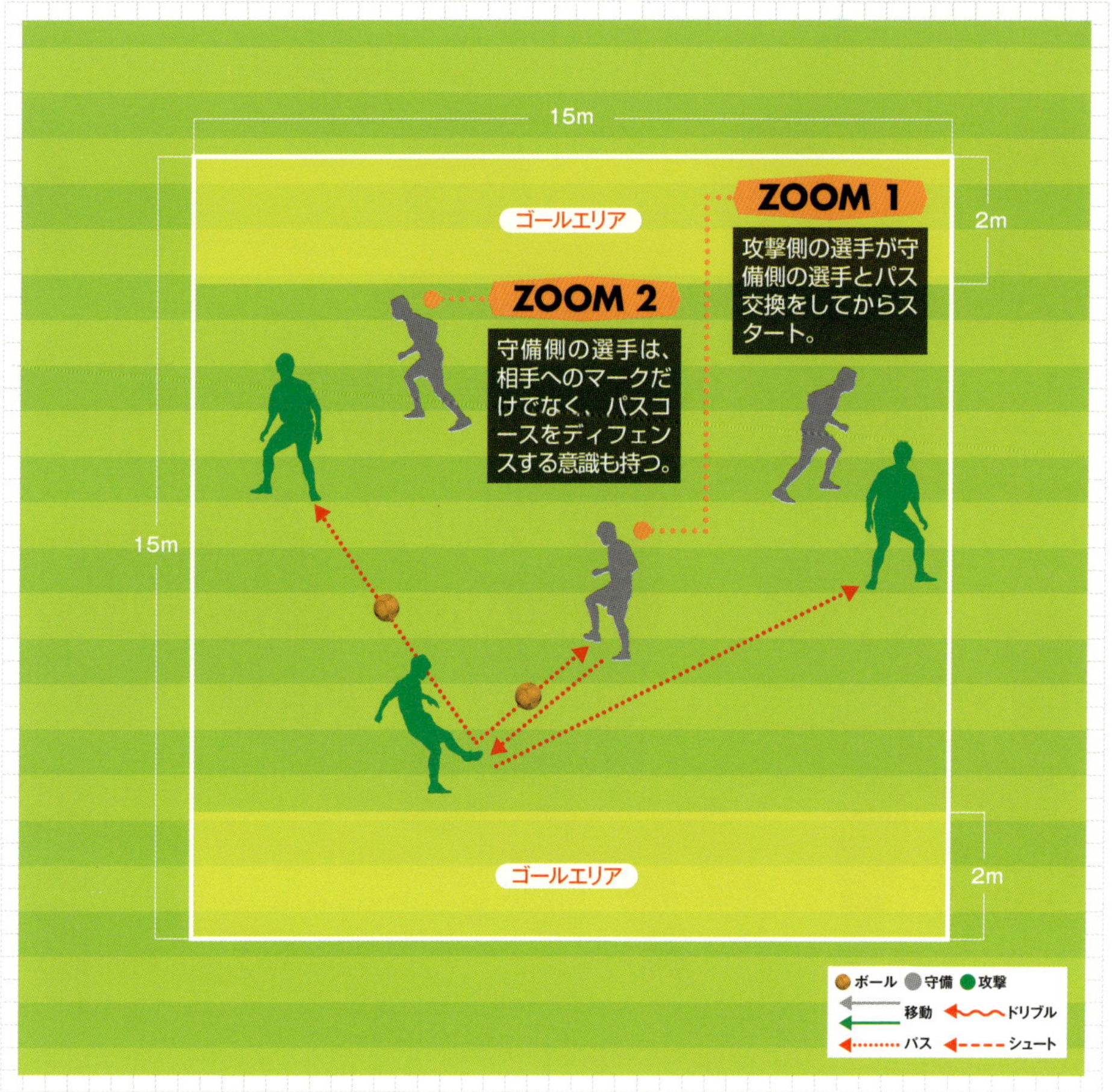
15m
15m
2m
2m
ゴールエリア
ゴールエリア
ZOOM 1
攻撃側の選手が守備側の選手とパス交換をしてからスタート。
ZOOM 2
守備側の選手は、相手へのマークだけでなく、パスコースをディフェンスする意識も持つ。
ボール
守備
攻撃
移動
ドリブル
パス
シュート

正しいポジショニングでパスカットを狙う

ゴールを設けたゾーンでの3対3のゲームで、守備の個人テクニックを身につける。味方同士で協力して守り、攻撃側に自由にパスを回させないようにする。そのためには、相手のマークにつくだけでなく、相手のパスコースもふせぐ対応が必要だ。

トレーニングの方法 Training Method

- 15メートル四方のグリッド(区画)を作り、両側に2メートル幅のゴールエリアを作る。
- 攻撃側と守備側の選手で、一度パスの交換をしてからスタート。
- 攻撃側は、相手のゴールエリアでパスを受けたら得点。守備側は自分たちのゴールエリアの中には入れない。
- 守備側は、攻撃側選手のマーキングだけでなく、攻撃側のパスコースをふせぐパスディフェンスの意識も持つ。

ZOOM 1 パス交換から3対3をスタートする

攻撃側の選手から守備側の選手へパス。

守備側の選手はパスを受けて戻す。

攻撃側の選手が受けてトレーニングスタート。

ZOOM 2 マークだけでなくパスカットも狙う

パスコースもディフェンスする意識でパスカットを狙う。

攻撃側選手へのマークにしっかりとつき、パスコースを限定させる。

スペースを守る

ポイント 1

ゴール方向に攻めさせない・パスディフェンス

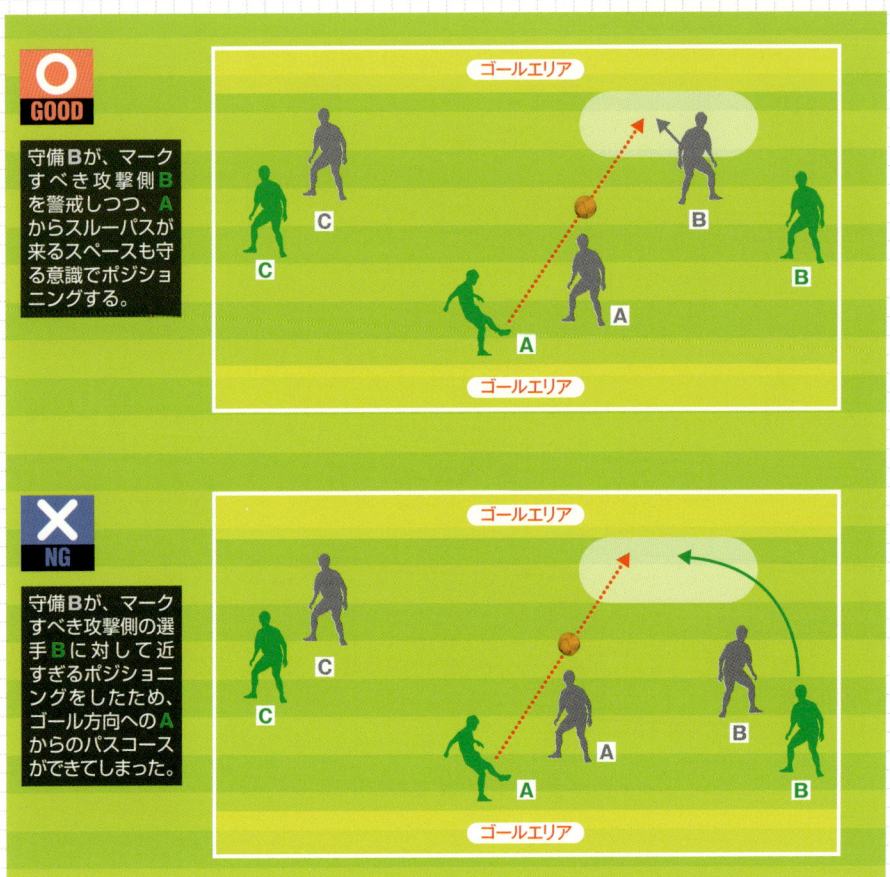

○ GOOD

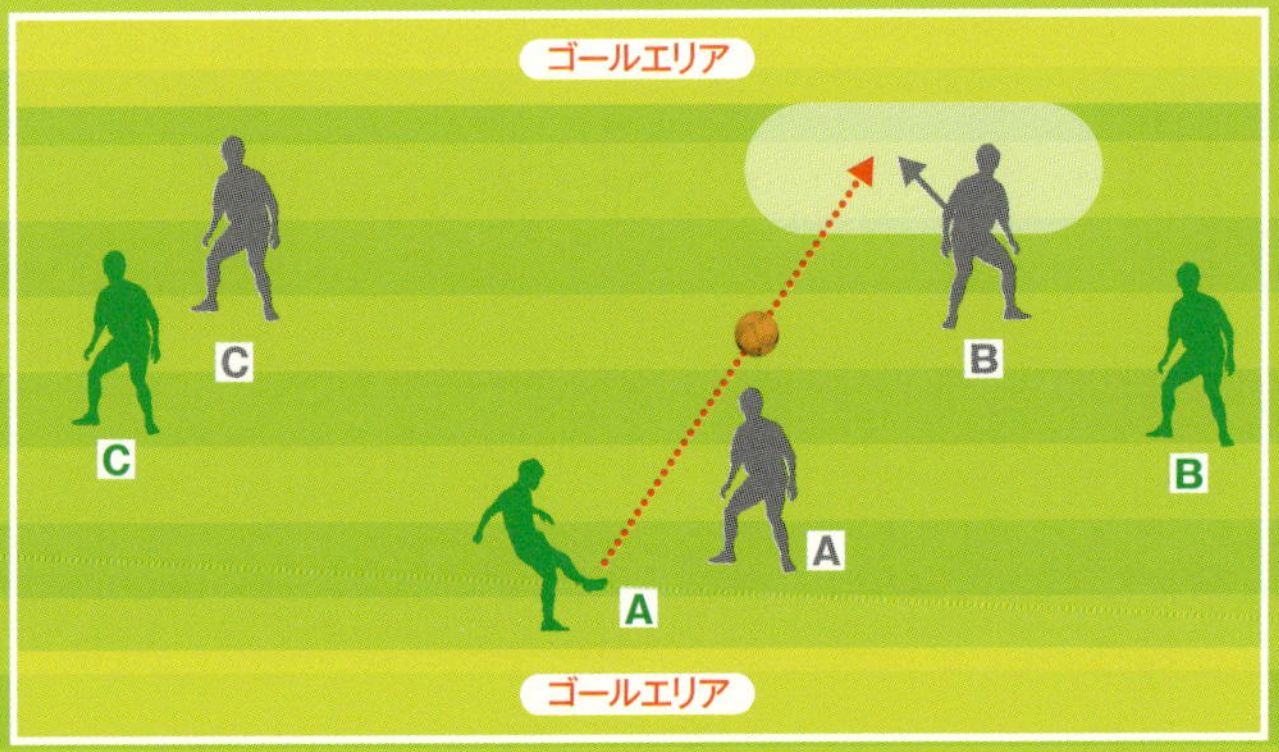

守備Bが、マークすべき攻撃側Bを警戒しつつ、Aからスルーパスが来るスペースも守る意識でポジショニングする。

× NG

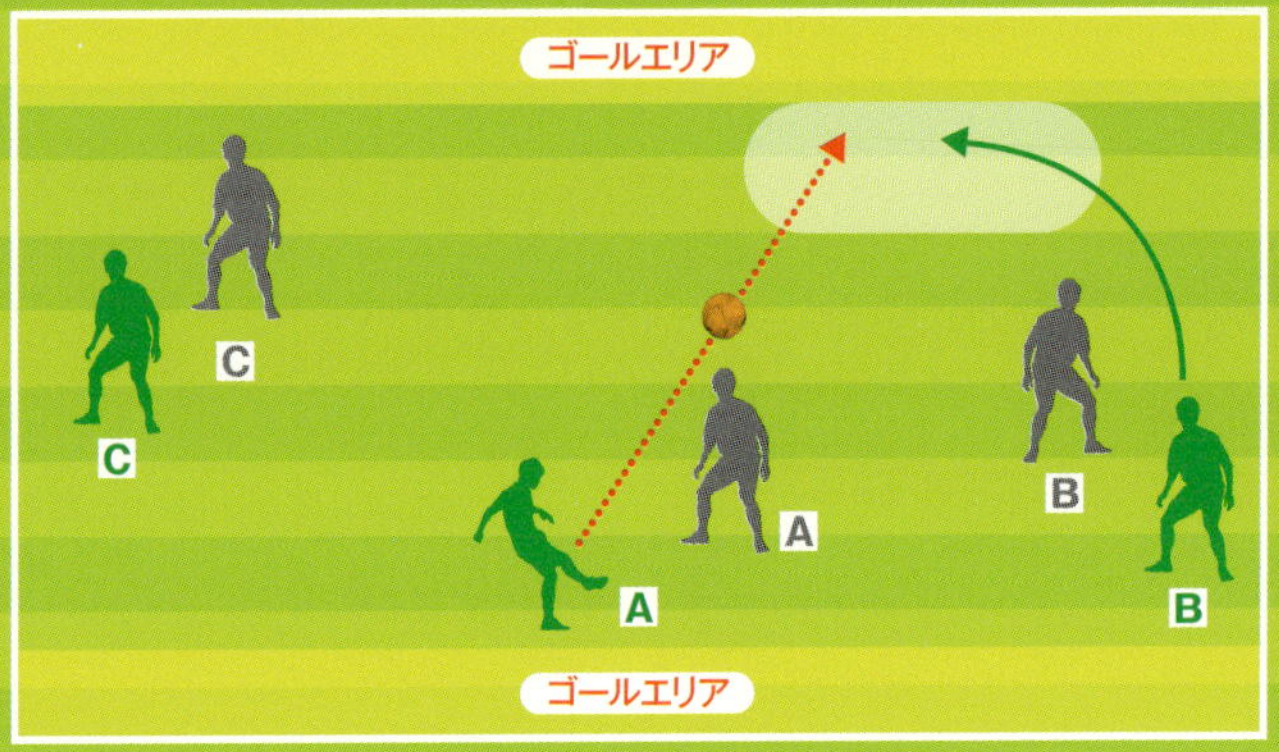

守備Bが、マークすべき攻撃側の選手Bに対して近すぎるポジショニングをしたため、ゴール方向へのAからのパスコースができてしまった。

後方のディフェンダーはゴール方向へのスペースを意識

3対3のトレーニング（➡P48）で、守備側が一番やられていけないことは、攻撃側にゴール方向にプレーさせること。つまり、自分たちのゴール前のスペースに、攻撃側選手やボールを入れさせないように守ることが大切になる。

　まずボールを持っている相手に対しては、そのマーカーが体を寄せてプレッシャーをかけにいく。そして大事なのは、ボールを持たない攻撃側選手をマークするときの対応だ。あまり相手に近づきすぎると、状況によってはゴール前のスペースが空いてしまう。マークする相手を警戒しつつも、ゴール前のスペースをケアし、そこへのパスディフェンスを意識できるように練習を積もう。

スルーパスをカットできるポジショニング

守備**B**は攻撃**B**をマークしつつ、ゴール付近にポジショニング。

CHECK!
ゴール方向へのスペースを意識した位置取り！

ボール保持者**A**からゴール方向へパスが出る。

自分のマーク**B**をおさえてパスカットに成功する。

スルーパスを通されてしまうポジショニング

守備**B**はマークする**B**を意識しすぎたポジショニング。

CHECK!
ゴール方向のスペースが空いてしまう！

ボール保持者**A**からゴール方向へパスが出る。

守備**B**は裏を取られてスルーパスを**B**に通されてしまう。

ポイント2

パスコースを限定するディフェンス

自分と攻撃側2人で作る三角形のイメージ

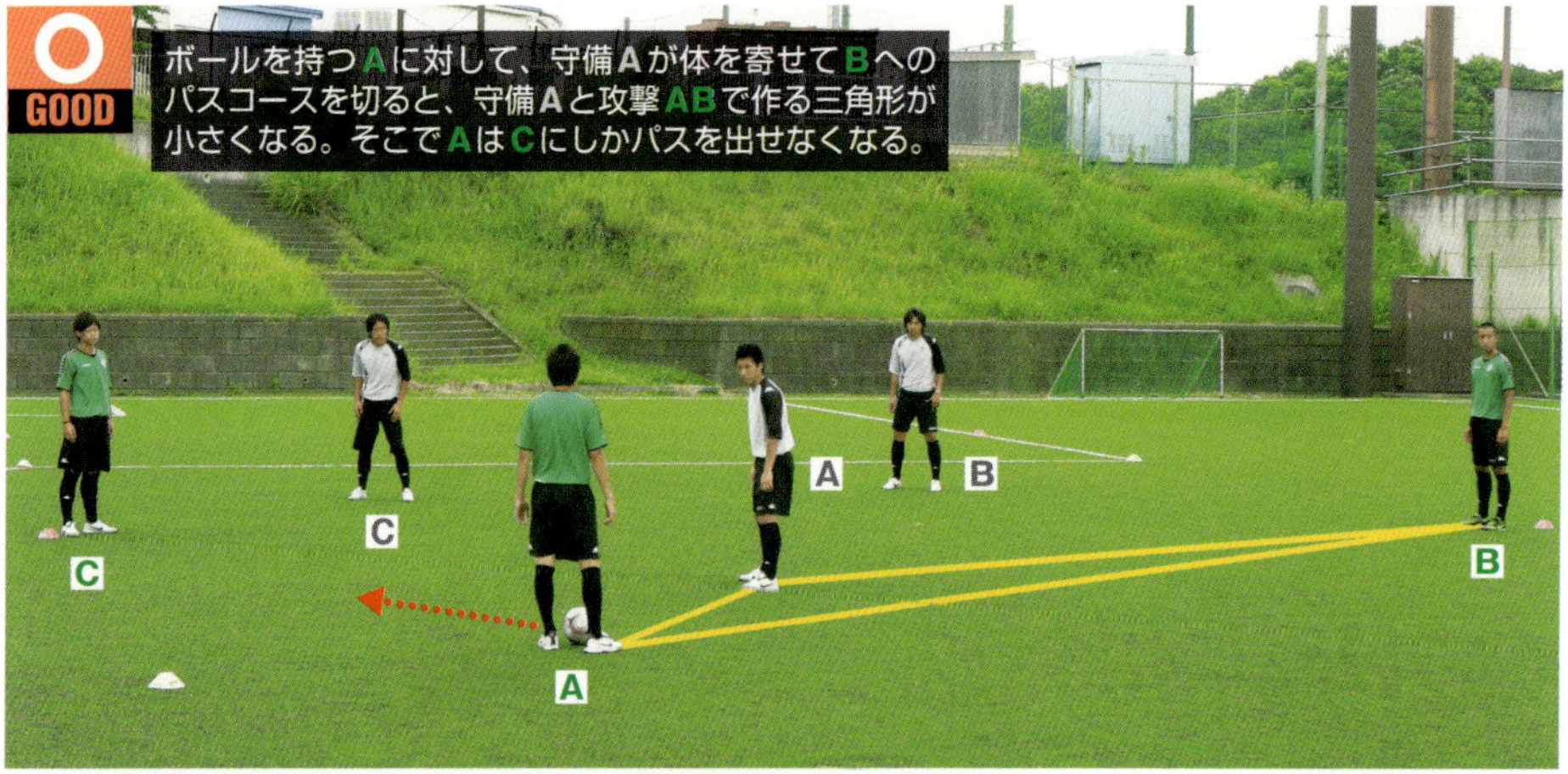
GOOD
ボールを持つAに対して、守備Aが体を寄せてBへのパスコースを切ると、守備Aと攻撃ABで作る三角形が小さくなる。そこでAはCにしかパスを出せなくなる。
A
B
C
C
B
A

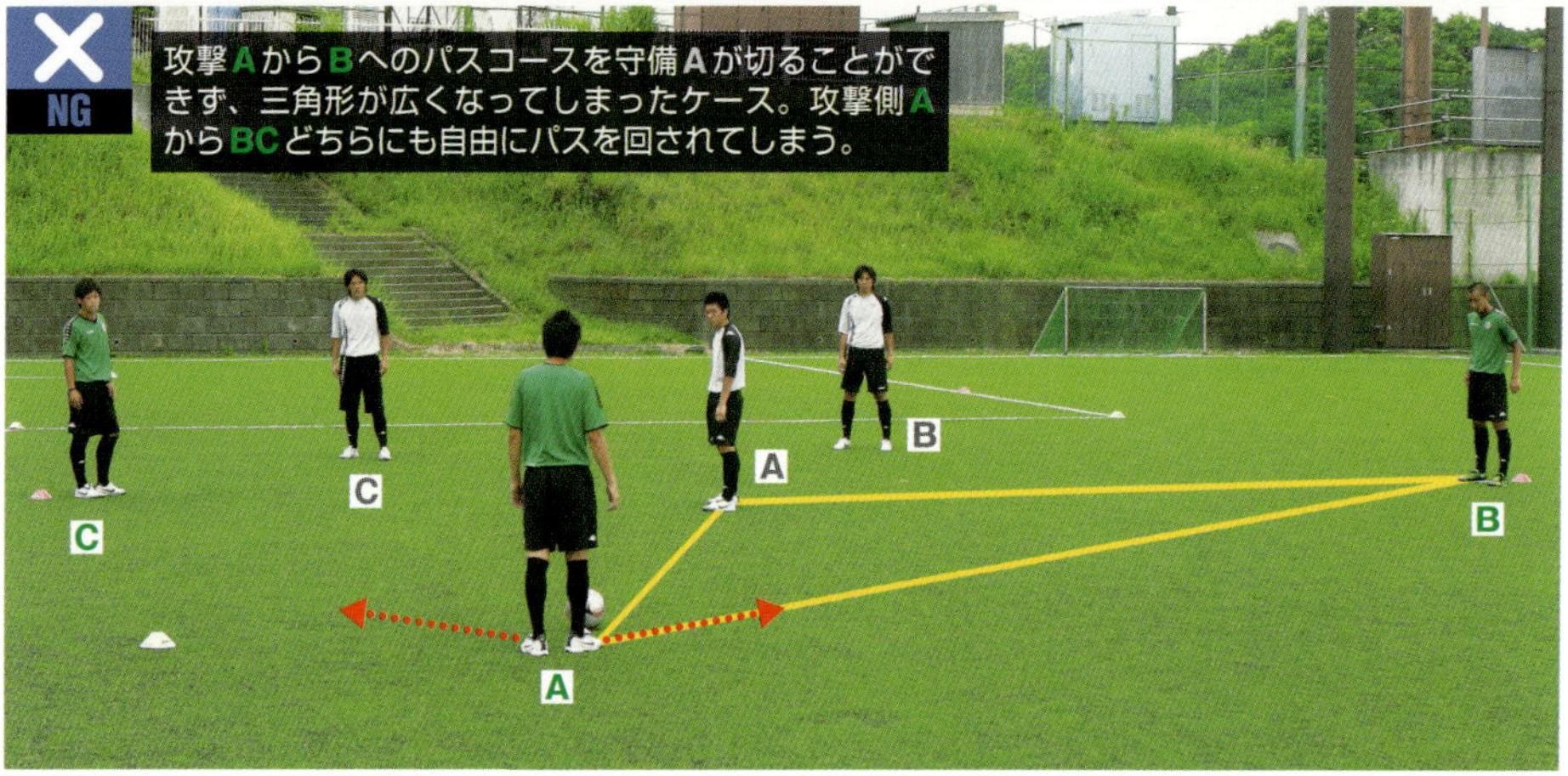
NG
攻撃AからBへのパスコースを守備Aが切ることができず、三角形が広くなってしまったケース。攻撃側AからBCどちらにも自由にパスを回されてしまう。
B
A
C
C
B
A

自分と相手2人で作る三角形を小さくする

3対3の状況で、今度はボールを持っている相手に対応する守備選手のポイントを押さえておこう。

守備側の自分以外の他の2選手に守りやすくさせるためには、自分のマークする相手であるボール保持者にすばやく体を寄せていって、自由にプレーさせないようにすることが大切になる。そして攻撃側の他の2選手へのパスコースのどちらかを切るようにポジショニングするのだ。

このとき、自分と攻撃側2人で作る三角形を意識すること。これを小さくするように動けばパスコースを切ることができる。逆に寄せ方が中途半端で三角形が大きくなると、パスコースが切れず、自由に攻撃されてしまうので注意だ。

パスカットの流れ

守備Aが攻撃A→Bへのパスコースを切りながらAへ体を寄せていくことで、A→Cへのパスコースに限定させる。

攻撃AからボールがでたCのもとへ、守備AとCで挟みにいく。

攻撃CがAに出したパスを、待ち構えていたBがインターセプトする。

POINT CHECK!

三角形が広いと自由にパスを回されてしまう

三角形が広いまま無理にボールを取りに行くと、ボールを持っている選手に対してのパスコースの限定ができず、自由にパスを回されてしまう。さらに攻撃側に数的優位を作られて、ゴール方向への攻撃を許してしまうので注意が必要だ。

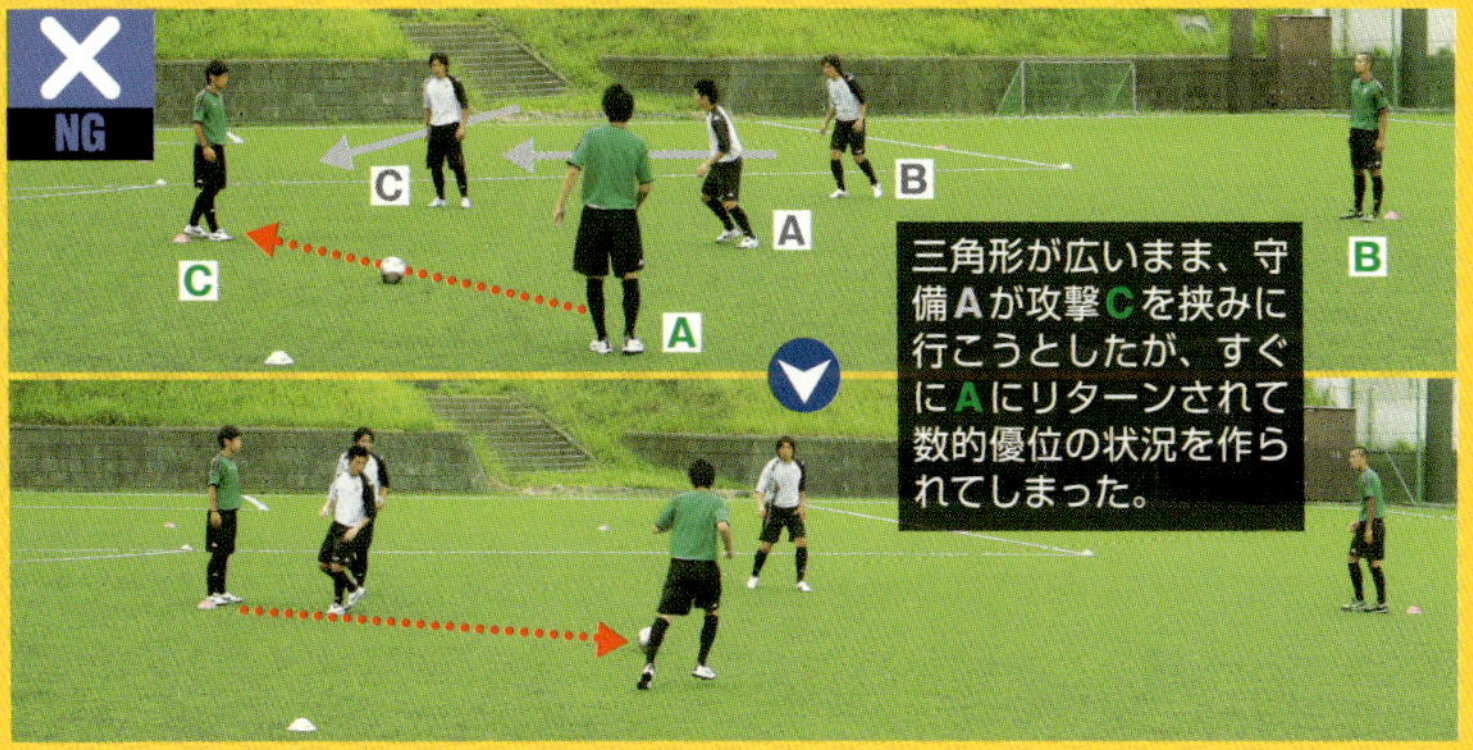

三角形が広いまま、守備Aが攻撃Cを挟みに行こうとしたが、すぐにAにリターンされて数的優位の状況を作られてしまった。

INTERVIEW

冨樫コーチに聞く 優秀なDF

――冨樫さんの考える、優秀なDFとは?

冨樫　これからのサッカーはDFにうまい選手が入る時代になると思います。対戦する両チームの布陣がコンパクトで、速いサッカーの中で、比較的プレッシャーが少なく、攻撃方向を向いてプレーできるのはDFです。ですから、ボールを奪う能力はもちろんのこと、試合の流れを読んでプレーを選択できたり、ビルドアップ(ディフェンスラインからボールを前線に送るためのパスによる組み立て)能力が高かったりすることが、優秀なDFだと考えます。

――冨樫さんの現役時代に見たDFで、すごかった選手、エピソードなどを教えてください。

冨樫　一緒にやっていて非常に勉強になったのは、ペレイラという選手です(注:1992～95年まではヴェルディ川崎、1996～98年まではコンサドーレ札幌でプレー。94年にJリーグMVPを獲得)。彼ほど、守備センスのあったDFを見たことはありません。

――その他に印象に残る選手はいますか?

冨樫　ラモス瑠偉さんも、多くの人は攻撃のイメージが強いかもしれませんが、危機察知能力が優れていたと思います。

２人に共通しているのは、最後の最後でボールをクリアできたり、相手ボールを奪えたりする点でした。それは２人が試合の流れを読む力に長けていて、コーチングして味方を動かしながら、チームとして相手のやりたいことを消していけたからです。

僕は、大体ボールや相手に強くプレッシャーをかける役目で、そのこぼれたボールをペレイラがサッーと華麗に奪っていく。それは格好よかったです(笑)。

PART 3
グループでボールを奪う

このパートの狙いとポイント

複数で連動してボールを奪う！

個人での守備の基本を覚えたら、次は味方と協力しながら相手ボールを奪いにいくテクニックや、グループでの守備を身につけよう。

1 チャレンジ&コントロール

P58-P63

ボールを持っている相手に寄せていく「チャレンジ」。チャレンジする守備者に指示を出しながら守る「コントロール」。複数での守備の役割分担をしっかりと学んでおこう。

2 チャレンジのポイント

P64-P67

ボールを持っている相手に対して、抜かれないようにしながらプレッシャーをかけ続ける。チャレンジする守備者の役割と、守るべきポイントをここで押さえておこう。

3 コントロールのポイント

P68-P71

チャレンジする味方の後方で、指示を出しながら自分が意図する守備を作り出していく。ボールを奪うためのコントロールの役割と、ポイントをしっかりと学んでおこう。

2対2のゲーム

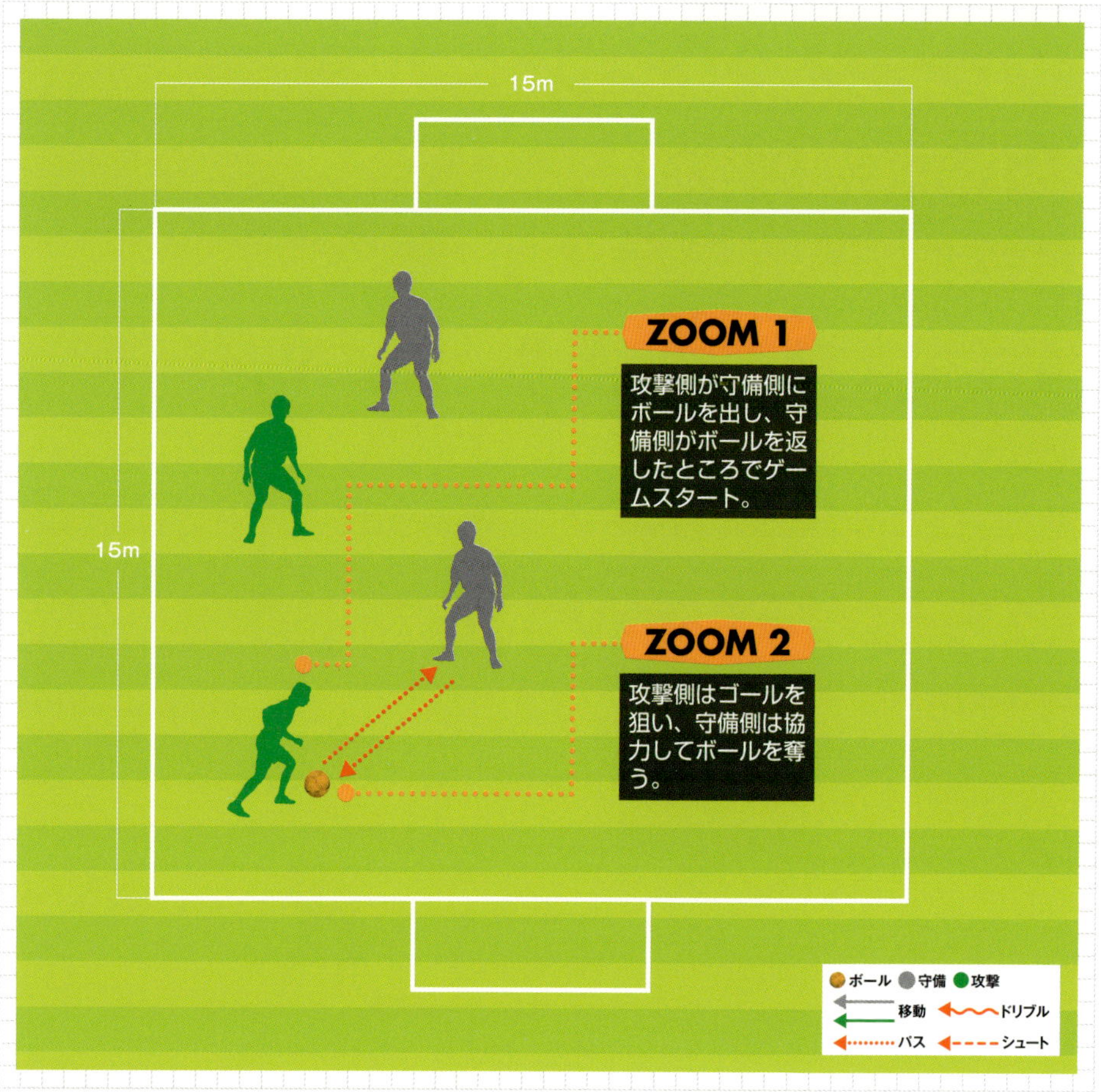
15m
15m
ZOOM 1
攻撃側が守備側にボールを出し、守備側がボールを返したところでゲームスタート。
ZOOM 2
攻撃側はゴールを狙い、守備側は協力してボールを奪う。
ボール
守備
攻撃
移動
ドリブル
パス
シュート

2人で協力してボールを奪う

2対2のゲームを通して、グループでボールを奪う方法を身につける。2人の守備では、ボール保持者へプレッシャーをかけにいく「チャレンジ」。そしてチャレンジするファーストディフェンダー(DF)を、後方から指示で動かす「コントロール」の、ディフェンスプレーを覚えることが大切だ。

トレーニングの方法 Training Method

- 縦15m×横15m程度のピッチを作り、両側にミニゴール(もしくはコーン)を置く。
- 攻撃側と守備側の選手で、一度パスの交換をしてからスタート。
- 攻撃側は、味方選手とのパス交換やドリブルプレーで相手ゴールを狙う。守備側は、その攻撃を防いでボール奪取を狙う。
- ボールを奪ったら、攻守が入れ替わる。

ZOOM 1 パス交換からゲームスタート

両側にミニゴールを置いたピッチ内に攻撃・守備の2人ずつでゲームを行う。

攻撃側から守備側へ一度ボールを送り、ボールがリターンされたらゲームをスタートする。

ZOOM 2 攻撃側と守備側の狙い

守備側はチャレンジとコントロールを連携してボールを奪う。

攻撃側はドリブル、パスを駆使して連携でゴールを狙う。

ポイント 1

チャレンジ&コントロールの基本

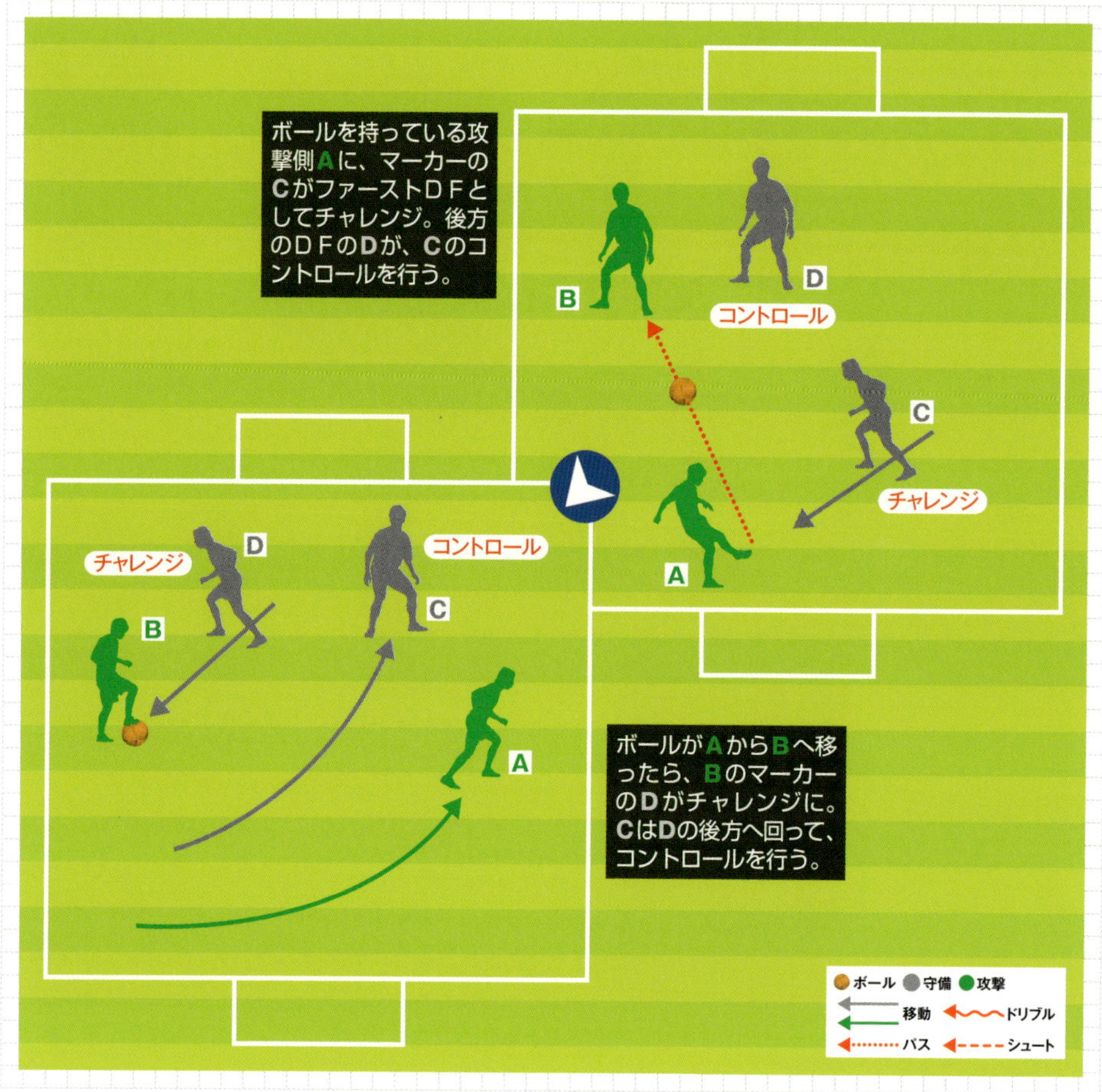
ボールを持っている攻撃側Aに、マーカーのCがファーストDFとしてチャレンジ。後方のDFのDが、Cのコントロールを行う。
B
D
コントロール
C
チャレンジ
A
チャレンジ
D
コントロール
B
C
A
ボールがAからBへ移ったら、BのマーカーのDがチャレンジに。CはDの後方へ回って、コントロールを行う。
ボール
守備
攻撃
移動
ドリブル
パス
シュート

ファーストDFがチャレンジ 後方のDFがコントロール

チャレンジ&コントロールの基本を覚えておこう。「チャレンジ」は、ボール保持者をケアする、ファーストDFのプレーのこと。ドリブル突破されないように注意しながら、後ろのコントローラーの指示に従って、できるだけ相手にプレッシャーをかけ、パスやドリブルなど、プレーの方向を制限する。そして、チャンスがあればボールを奪いにいくことも忘れない。

「コントロール」は、ファーストDFをうまく動かして、相手の攻撃を限定し、ボールの出どころに行ってボールを奪うプレーをする。

攻撃側はゲームの中で当然パス交換をするので、守備側はその都度チャレンジとコントロールの役割を入れ替えて対応していこう。

チャレンジ&コントロールの入れ替わり

1
チャレンジ
CHECK!
相手にプレッシャーをかけるチャレンジ!
D
コントロール
B
C
CHECK!
指示を出して味方DFを動かす!
A
Cがチャレンジで
Dがコントロール
の状態。

2
CがAにアプローチし、AからBにパスが出された。

3
DがBへアプローチに行き、CはDの後方に回る。
CHECK!
状況に合わせて役割を入れ替える！

4
チャレンジ
コントロール
Dがチャンレジで
Cがコントロール
の状態に入れ替わる。

ボールの奪い方

ボールを奪うパターン

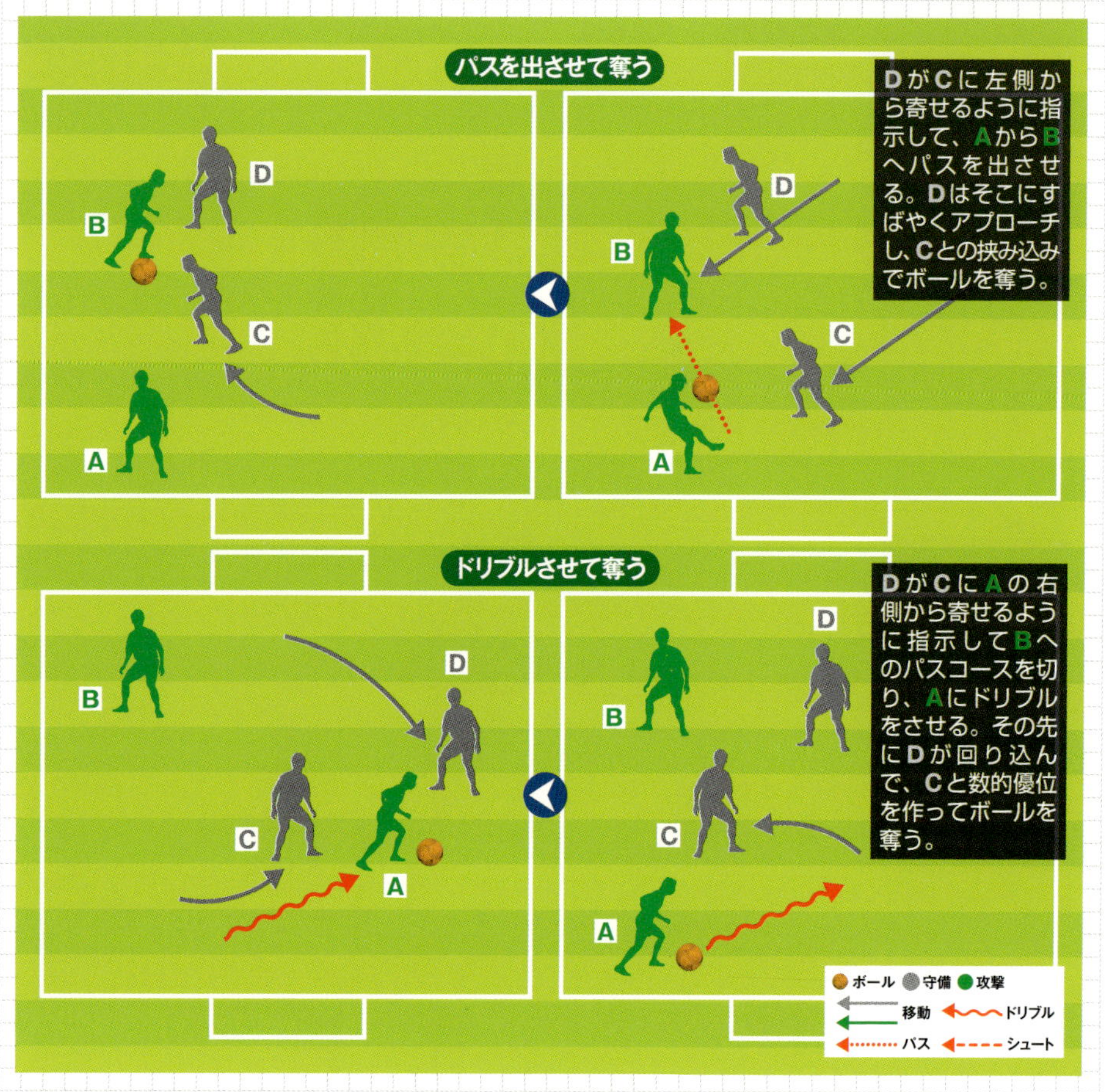
パスを出させて奪う
D
B
C
A
DがCに左側から寄せるように指示して、AからBへパスを出させる。Dはそこにすばやくアプローチし、Cとの挟み込みでボールを奪う。
D
B
C
A
ドリブルさせて奪う
B
D
C
A
DがCにAの右側から寄せるように指示してBへのパスコースを切り、Aにドリブルをさせる。その先にDが回り込んで、Cと数的優位を作ってボールを奪う。
D
B
C
A
ボール
守備
攻撃
移動
ドリブル
パス
シュート

チャレンジ&コントロールで数的優位を作る

チャレンジ&コントロールを繰り返した中での、ボールの奪いどころをチェックしておこう。ポイントは、DF2人で協力して相手を追い込んで数的優位を作ること。

後方のDFであるコントローラーが指示を出して、ファーストDFのチャレンジのやり方を決めるのが基本だ。自分のマークする相手にパスを出させてボールを奪うのか、あるいはボール保持者にドリブルさせてボールを奪うのかを判断。そういう状況になるように、ファーストDFのポジションやプレーをコントロールするのだ。

ボールの出先では、追いかけてくるファーストDFと常に2対1の状況を作り、相手を挟み込むようにしてボールを奪おう。

パスを出させてボールを奪う流れ

1
B
D
C
A

Cが左からアプローチして、AにBへのパスを選択させる。

2
CHECK!
すばやく寄せて
2対1の状況に
持ち込む！

Dが激しくプレッシャーをかけて、Bを自由にプレーさせない。

3

CがBを挟みに行ってDと連携してボールを奪う。

ドリブルさせてボールを奪う流れ

1
A
C
B
D

CがAの右からアプローチして、Bへのパスコースを切る。

2

Aは右方向へドリブル。Cはパスコースを切りながらついていく。

3
CHECK!
数的優位なら
ボールを奪える！

AのドリブルにDが出て行き、Cと連携してボールを奪う。

チャレンジのポイント

その1

スピードコントロール

3
切り返されてもついていき、相手のプレースピードを落とすようにする。
CHECK!
相手の横への揺さぶりにも冷静に対応する!

アプローチ&ストップで相手のスピードを制限する

チャレンジ&コントロールにおいて、ファーストDFの「チャレンジ」のポイントを最初にチェックしておこう。

ボールを持っている相手との距離をつめていくアプローチで、自由にプレーさせないようプレッシャーをかける。だが、相手も止まっているわけではない。ゴールに向かって攻めてくるので、まずはその向かってくるスピードを抑える必要があるのだ。

ボールを奪うことばかり意識して、闇雲に突っ込んでいくだけでは、簡単にかわされてしまうだろう。相手の前でしっかりとストップして、裏を取られないようにすること。その後の相手の出方にすばやく対応することが基本になる。

アプローチ&ストップの流れ
1 START
2
ボールを持った相手にすばやく体を寄せるアプローチにいく。
CHECK!
アプローチで一気に体を寄せていく!
相手に裏を取られない距離のところで一度ストップする。
CHECK!
強引にボールを奪いにいかず、裏を取られない距離でストップ!

POINT CHECK!

闇雲に突っ込まない

ファーストDFのチャレンジでは、アプローチからストップまでの見極めをしないと、簡単にかわされて裏を取られてしまうので注意が必要だ。相手のスピード、そして裏を取られない距離間をつかんでおこう。

×
NG

相手との距離がつまったが、そのままボールを奪いに行くと、ボールを横に動かされて簡単に裏を取られてしまう。

原則を守ってチャレンジする

無理に奪いに行かずに数的優位の場面を作る

2対1の場面を作って追いこんでいく。
CHECK!
DF有利の数的状況を作る!
裏を取られないようにプレッシャーをかけ続ける。
GOOD

POINT CHECK!

裏を取られないようにプレッシャーをかける

無理なチャレンジは、うまい相手には簡単にかわされてしまう。そういうときは裏を取られないようにしながら、プレッシャーをかけて相手のプレーを制限。味方と数的優位の状況を作って、ボールを奪えるようにしよう。

無理に奪いに行ってかわされないようにする

チャレンジは、ボールを持っている相手のプレーを制限することが目的だ。そのため、チャンスがあればボールを積極的に奪いにいき、相手に「取られそうだ」というプレッシャーを与えることが成功のコツになる。

ただし、その前の大前提の条件として、「ゴール方向にプレーさせない」という基本を忘れないでプレーすることが大切。例えば、ボールを奪えそうだからと、ゴール方向からとは少しズレた位置から無理に足を出しにいくと、うまい相手には簡単にターンされて、入れ替わられることもある。無理に奪いにいって、チャレンジの原則を壊すようなディフェンスをしないように注意しよう。

無理に奪いにいくとかわされてしまう悪い例

1
NG
アプローチ＆ストップする。

2
裏を気にしないでチャレンジする。

3
ボールを奪うために体を一気に寄せる。

4
無理に足を出してボールを奪いにいく。
CHECK!
チャレンジの原則が崩れる!

5
相手がすばやく反転してかわされてしまう。

6
がら空きのゴールに攻め込まれる結果になった。

コーチングでコントロール

コーチング

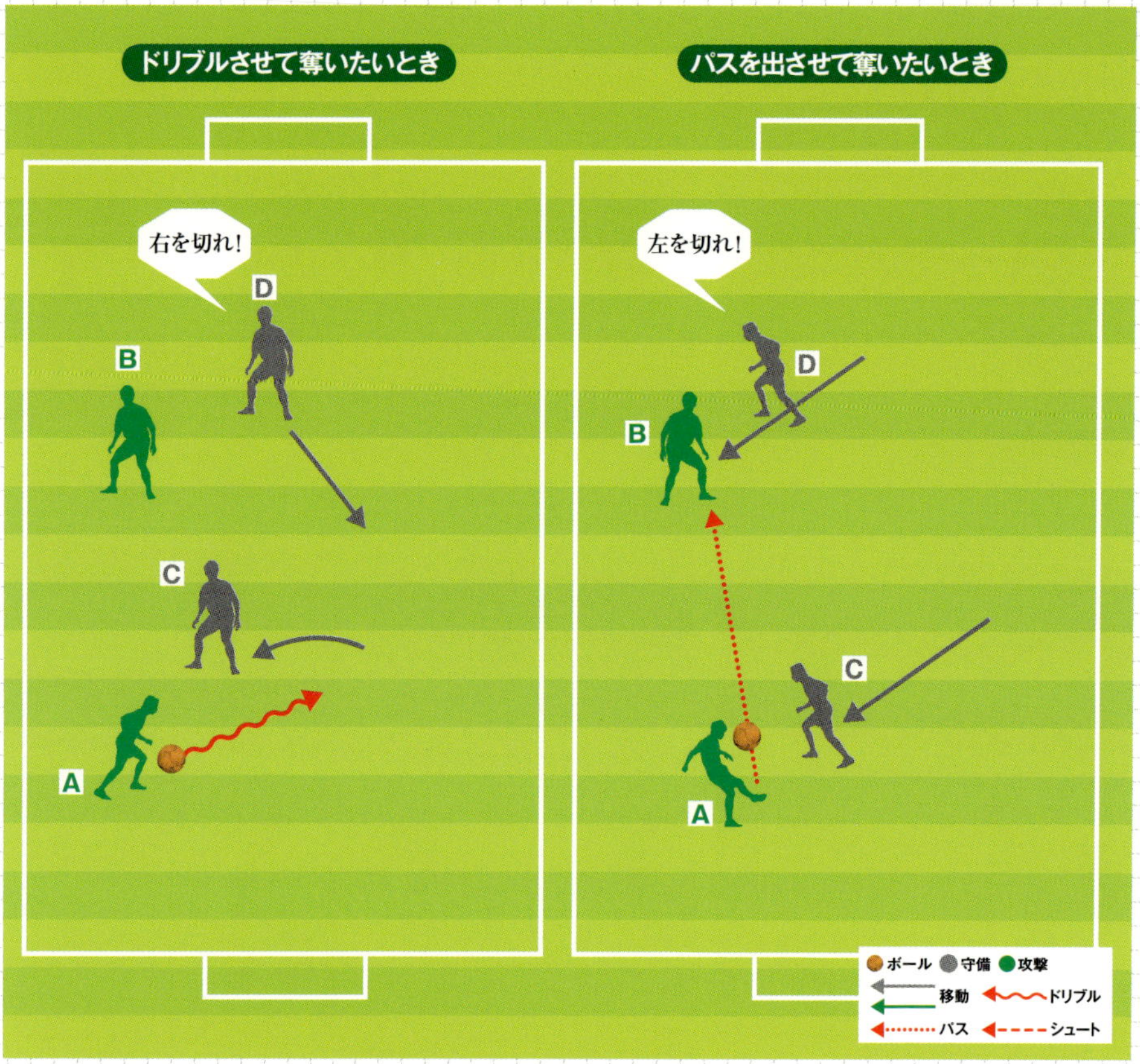
ドリブルさせて奪いたいとき
右を切れ！
D
B
C
A
パスを出させて奪いたいとき
左を切れ！
D
B
C
A
ボール
守備
攻撃
移動
ドリブル
パス
シュート

ボール保持者Aとそのマーク Cの後方にいるDがコントロール役になり、チャレンジしているCにコーチングする。Dは自分たちがボールを奪いやすいように、明確な意思を持ってコーチングすることが大切だ。

指示を出して味方のチャレンジをコントロール

チャレンジするファーストDFをコントロールする側のポイントは、まず声で指示を出して、自分たちがボールを奪いやすくなるようにファーストDFを動かすこと。

例えば上の図のような状況で、自分のマークする相手Bのところでボールを奪いたいのならば、チャレンジする味方Cに「左を切れ！」とコーチングして、ボールを持っている相手Aが、Bへパスをさせるように仕向ける。

反対にAにドリブルさせた先で奪いたければ、「右を切れ！」とコーチングして、AからBへのパスコースがなくなるようにファーストDFのCを動かす。このように自分の声で、チャレンジをコントロールすることが大切だ。

コーチングでドリブルさせて奪う

1
右を切れ!

チャレンジする味方にコーチングして、相手にドリブルさせる。

2

そのままプレッシャーをかけさせて、相手のドリブル先に向かう。

CHECK!
数的優位の状況を作って奪う!

3

相手がボールコントロールを乱したところで奪う。

コーチングでパスを出させて奪う

1
左を切れ!

チャレンジする味方にコーチングして、相手にパスを出させる。

CHECK!
狙いはパスを出させた先でボールを奪うこと!

2

パス先にすばやく激しくアプローチして、相手の自由を奪う。

3

味方と数的優位を作って、相手を挟み込んでボールを奪う。

コントロールのポイント

その2

リスクを考えて奪いにいく

味方が抜かれる可能性も考える

GOOD
CHECK!
ゴール方向の
コースを切る
ポジショニング!

チャンレンジする味方が抜かれる可能性も想定して、コントロールする選手はゴール方向のコースを切るポジショニングをしておく。

NG
CHECK!
味方が抜かれたら
ゴールががら空きになる!

コントロールする選手がゴール方向を意識せずに自分のマーカー寄りに位置すると、味方が抜かれた場合ゴールががら空きになる。

チャレンジ&コントロールがうまくいかないケースも想定

ゲームの中では、もちろんチャレンジ&コントロールがうまくいかないケースもある。そういうリスクを考えながら、ボールを奪いにいかないといけない。

例えば、チャレンジにいった味方がボールを持った相手に抜かれて、2対1の数的優位を作られてしまうときを想定する。この場合コントロールする選手は、ゴールへのコースを切ったポジショニングで、攻撃をディレイさ（遅ら）せて味方の戻りを待つ。

あるいはパスを出させておきながら、パス先の相手にプレッシャーがかからないケース。そこでは、無理に挟み込みを狙わせずに、味方にマークにつき直すように指示しないといけないだろう。

プレッシャーが甘いと相手に突破を許す

NG
CHECK!
パス先の相手への
アプローチが遅い!
1

ファーストDFをコントロールして、自分のマークする相手にパスを出させる。

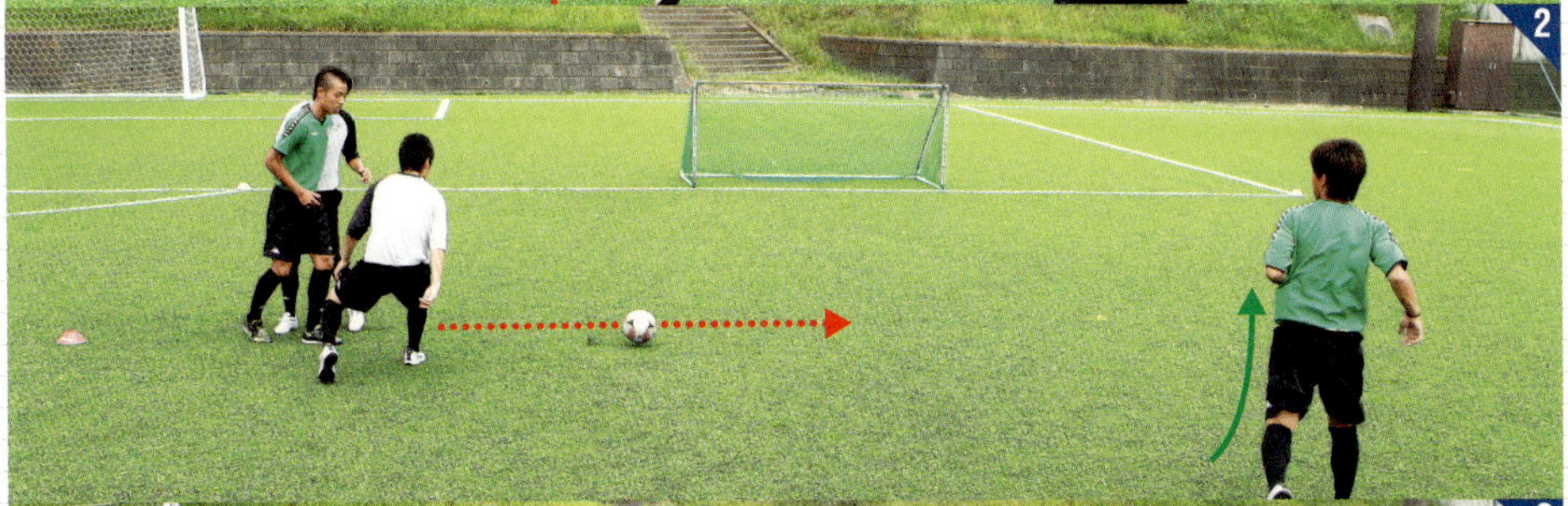
2

パスの送り先であるマークへのアプローチが遅れ、相手にリターンパスを出される。

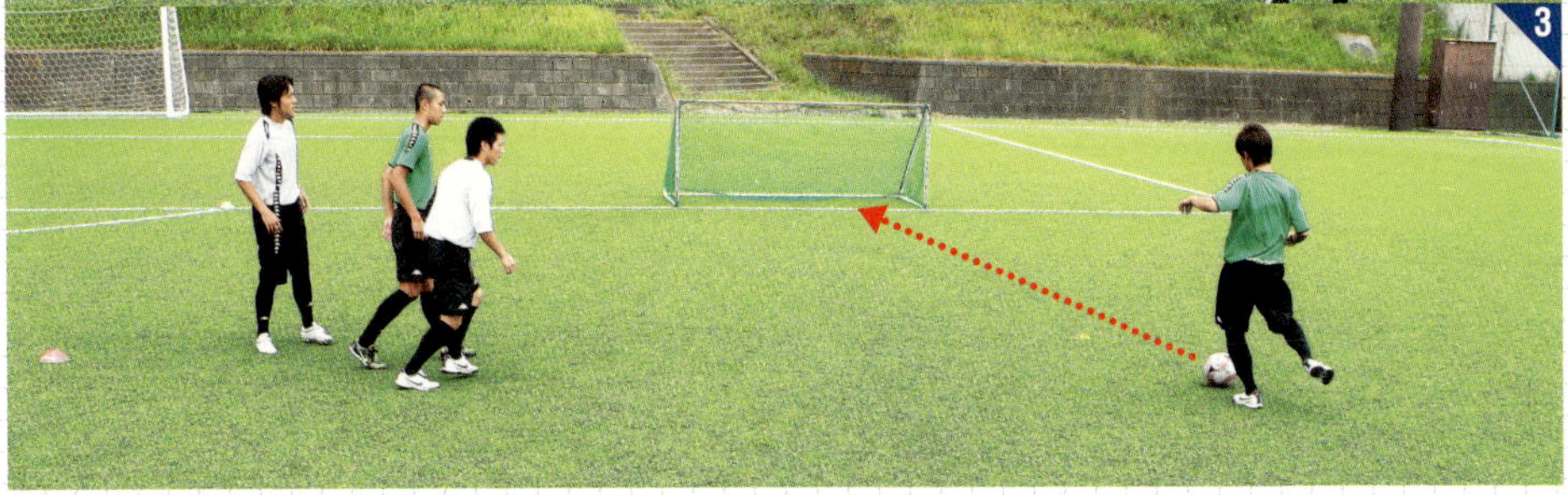
3

リターンパスが通り、がら空きのゴールへの突破を許してしまう。

POINT CHECK!

相手の状態を見て挟み込みにいく

パスを出させた先のアプローチが遅れて、相手が自由にプレーできる状態でボールを持たれてしまうケースもある。相手の状態を見て、数的優位を作ってボールを奪うのか、チャレンジとコントロールを入れ替えて次のボール奪取のチャンスを待つのか、正しく判断しよう。

GOOD

相手にプレッシャーがかかり、自由にボールコントロールできていない。奪えるチャンス。

NG

相手がしっかりとボールコントロールできている。無理に奪いにいくのは危険。

INTERVIEW

冨樫コーチに聞く チームの守備作り

――― チームの守備を作るのに、大切なのはどんなところですか？

冨樫　大切なのは、チームで苦労をしないとボールは奪えないということです。いくら守備組織を整えても、ボールにプレッシャーがかからなければ奪えません。また、コーチングがないとチームの統一感も生まれず、バラバラになってしまいます。両方とも連続して行えないと、粘り強い守備にはならないでしょう。

――― 守備ではどんなトレーニングを大切にしていますか？

冨樫　３バックでも４バックでも、個々の守備能力が高くなければ崩されてしまうでしょう。また、相手に合わせてばかりいても崩されてしまいます。そこで、積極的に行きながら、相手の思考を読んでボールを奪えるようなメニューを考えています。失敗を沢山すること、そして同じ失敗をくり返さないよう、プレーを変化させることが、うまくなるには大切だと思います。

――― １シーズンを通して、どのような形でチームの守備を作りますか？

冨樫　まず、グループでの守備をしっかりと作ります。２～４人くらいでチャレンジ＆カバーをすることで、連携をとる。コーチングで味方をコントロールして、ボールを奪うチャンスを作り出せるようにします。

次に２ラインを作って、自分たちの背後へのパスを限定しながら、目前の攻撃選手のプレーを限定して追い込んでいけるようにします。そしてチームでの守備となったときに、ピッチ全体でいつ、どこで、誰が、どのようにして奪いにいくかを共有させます。それらはすべて理想の攻撃から逆算しています。守備というのは、ボールを奪って攻撃する為にあるのだということを忘れてはいけないと考えているからです。

PART 4
局面の守備戦術

このパートの狙いとポイント

ゴール前に入れさせないディフェンス

ここでは特にディフェンスラインの選手が、試合でひんぱんに出くわす局面の状況を取り上げ、その対応プレーを紹介していく。

1 ライン コントロール

P76-P81

ゴール前に入ってくるラストパスに対してのポジショニングと状況別の対処を紹介する。中央からのスルーパスやサイドからのボールをブロックする技術を学ぼう。

2 クロスへの対応

P82-P87

サイドからゴール前へ入れられるクロスへの対応は、守備の基本プレーのひとつだ。ミスが許されないプレーなので、ニアやファーなどサイド別のクリアの仕方をしっかりと身につけておこう。

サイドからのボールへの対応 1

同一視野の確保

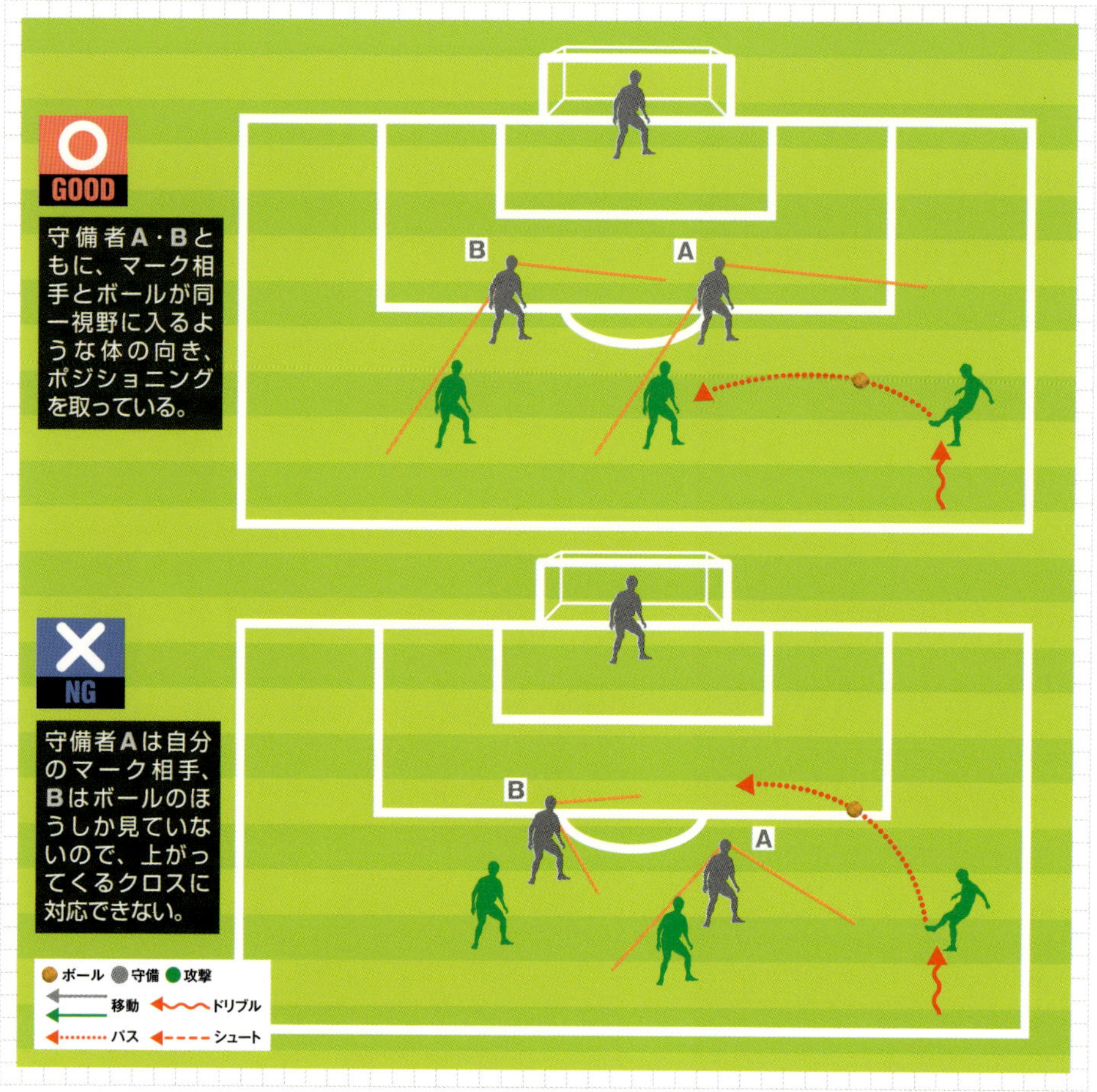
GOOD
守備者A・Bともに、マーク相手とボールが同一視野に入るような体の向き、ポジショニングを取っている。
B
A
NG
守備者Aは自分のマーク相手、Bはボールのほうしか見ていないので、上がってくるクロスに対応できない。
B
A
ボール
守備
攻撃
移動
ドリブル
パス
シュート

マーク相手とボールで同一視野を確保してプレー

試合の各局面での対応の仕方を学ぼう。まずはサイドからクロスが上がってくるときの、ゴール前での守備のポイントだ。自分がマークしている相手は、クロスが上がってくると、すばやい動きでこちらのマークを外して、シュートを打とうとしてくる。それだけに守備側は、クロスが上がってくる場所やタイミング、そしてマーク相手の動きの両方に注意しないといけない。

そのためには、マーク相手とボールを同時に見ながらプレーすることが大切になる。自分のひとつの視野の中に、ボールとマーク相手両方が入るようにするのだ。そうなるようにポジショニングや、体の向きを工夫するのである。

同一視野を確保して相手とボールを監視する

GOOD
CHECK!
マークとボールを
同一視野に入れる!

自分のマークする相手とボールの両方を同一視野に入れながら、前後左右どこにでもすばやく動ける体勢をとっておく。

同一視野を外すとチャンスを作られる

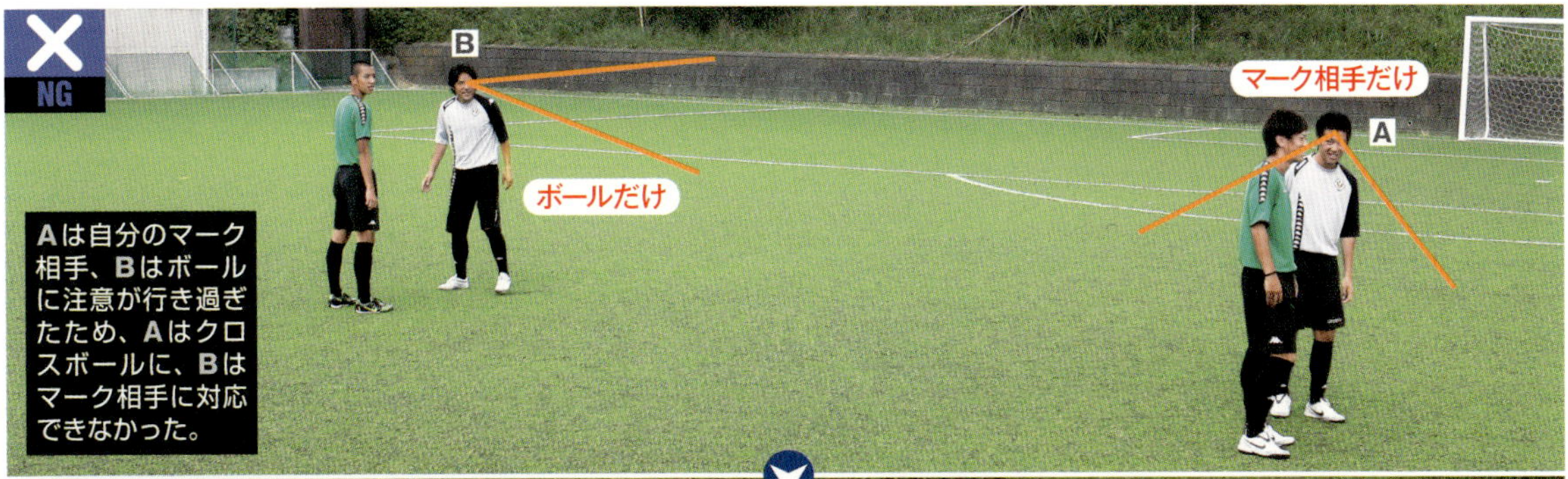
NG
B
ボールだけ
マーク相手だけ
A

Aは自分のマーク相手、Bはボールに注意が行き過ぎたため、Aはクロスボールに、Bはマーク相手に対応できなかった。

サイドからのボールへの対応 2

斜めのラインでファーサイドがカバーリング

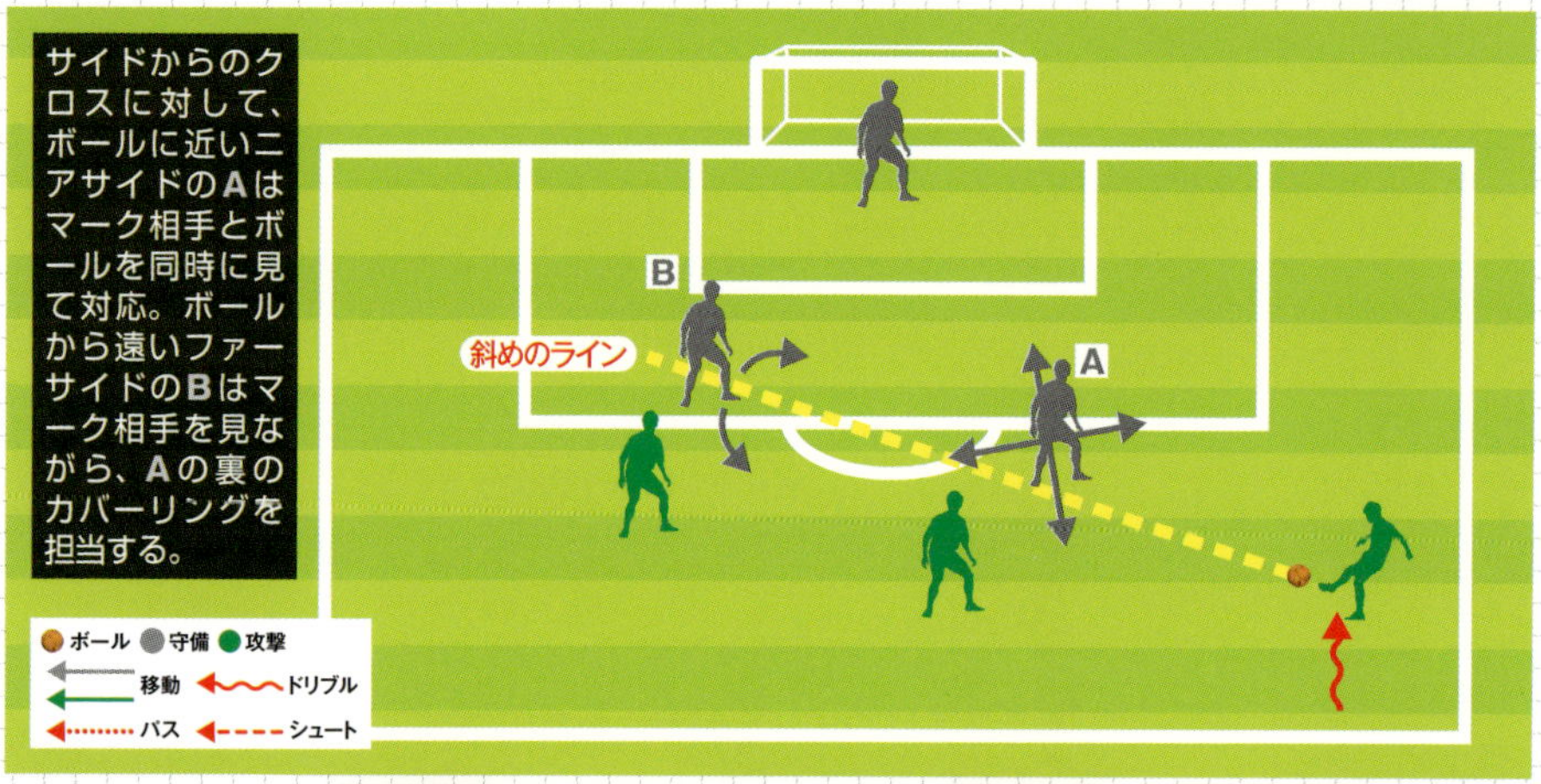
サイドからのクロスに対して、ボールに近いニアサイドのAはマーク相手とボールを同時に見て対応。ボールから遠いファーサイドのBはマーク相手を見ながら、Aの裏のカバーリングを担当する。
B
A
斜めのライン
ボール
守備
攻撃
移動
ドリブル
パス
シュート

CHECK!
ファーサイドは
マーク相手と
カバーリングを担当!
CHECK!
ニアサイドは
マーク相手と
ボールを見て対応!

ラインを斜めにしてあらゆる状況に対応する

マーク相手とボールの両方を見られる体勢を作ったうえで、もうひとつ気をつけなければならないのは、送られてくるクロスに対して、守備者同士が斜めのラインを作って対応することだ。

ニアサイドを守る選手は、マーク相手と自分が処理できるクロスへの対応に集中するが、ファーサイドを守る選手は、これに加えてニアサイドの選手をカバーリングする意識を持つのだ。そうすれば自然とポジションが深くなって、ボールに対して斜めのラインが作れるようになるだろう。

逆にここでラインをゴールラインとフラットな状態にしてしまうと、味方GKとの間のスペースを狙われるので注意が必要だ。

斜めのラインからインターセプト

ニアサイドの敵味方を避け、ファーサイドへ送られてきたクロスを、すばやい反応でインターセプトする。

斜めのラインから裏のボールをクリア

ニアサイドの守備者**A**の裏に入ってきたクロスを、ファーサイドの**B**がカバーリングしてクリアする。

POINT CHECK!

フラットラインでは対応しにくい

クロスに対して、写真のようなフラットなラインで構えると、DFラインとGKの間のスペースを狙われやすく、スペースへ飛び出した相手への対応もしにくくなってしまう。斜めのラインで対応できるように練習を積もう。

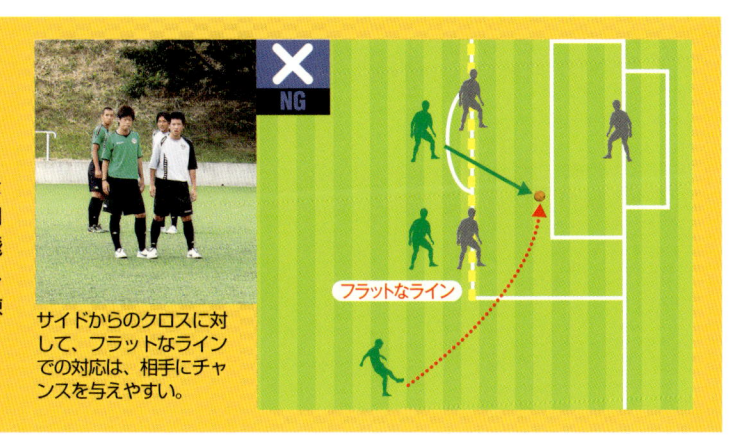

サイドからのクロスに対して、フラットなラインでの対応は、相手にチャンスを与えやすい。

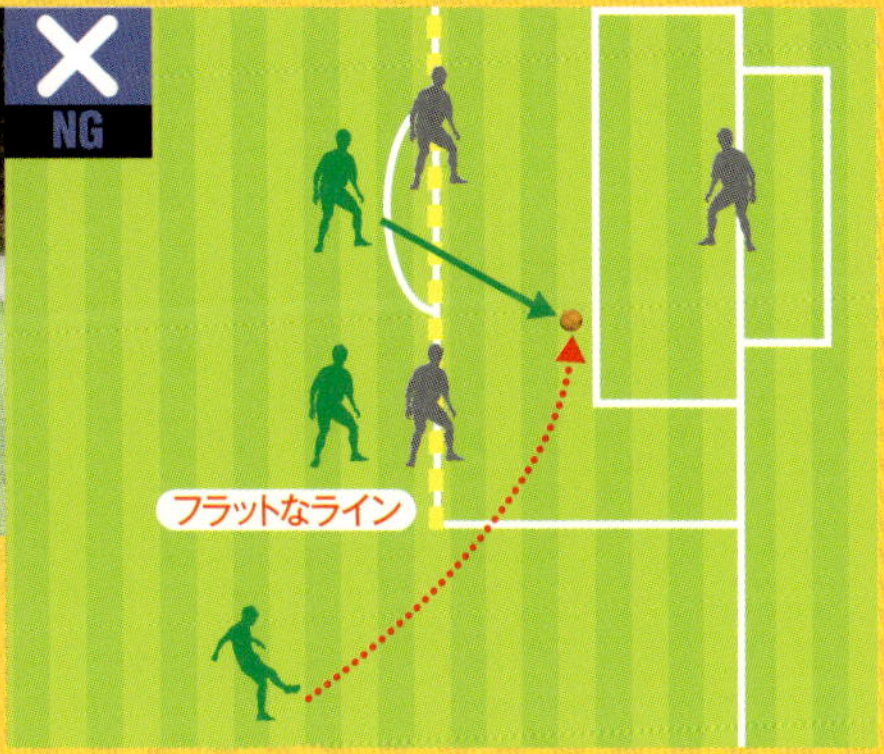

ポイント 3

中央からのボールへの対応

フラットなラインで対応する

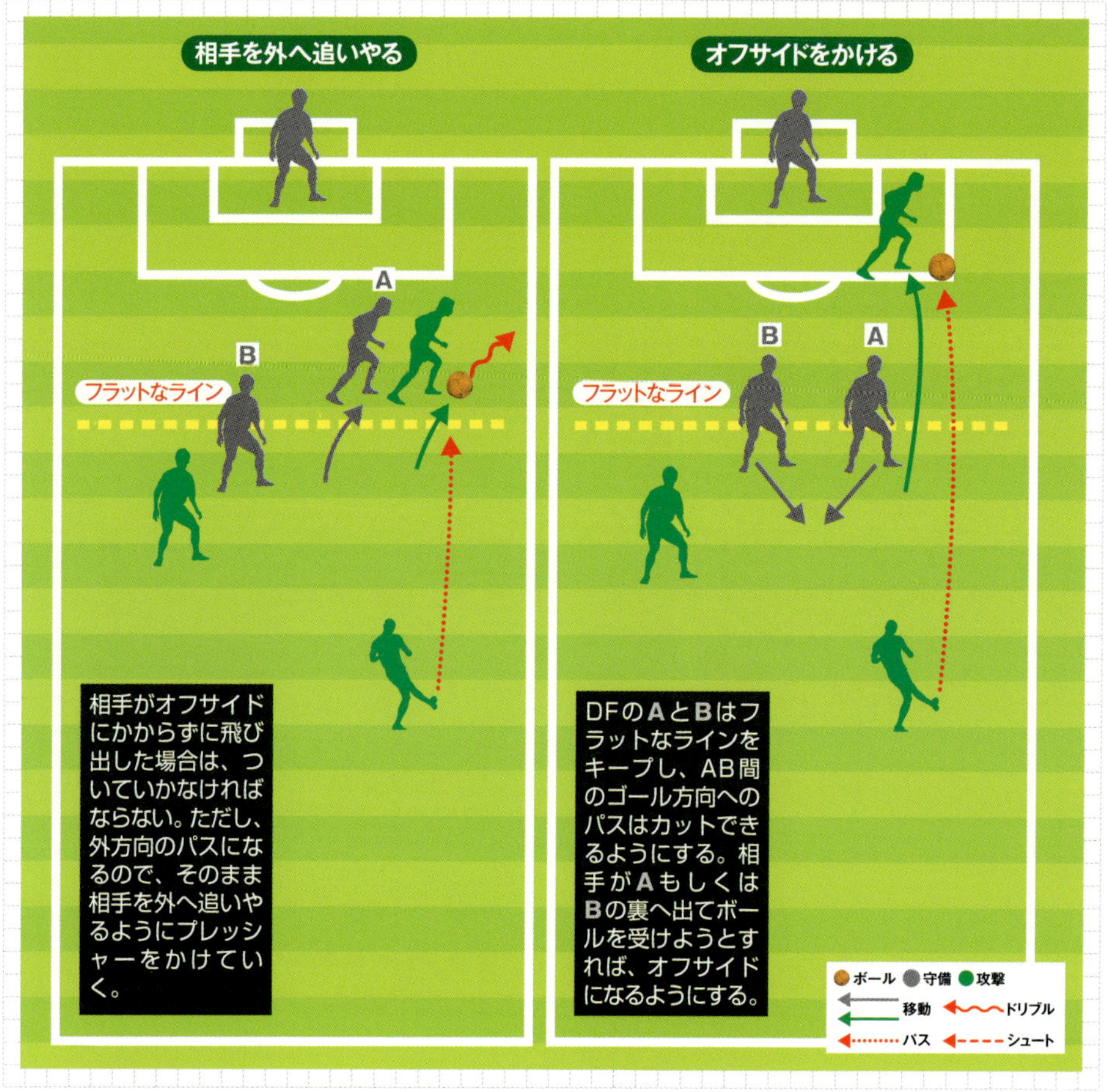
相手を外へ追いやる
オフサイドをかける
A
B
フラットなライン
フラットなライン
B
A
相手がオフサイドにかからずに飛び出した場合は、ついていかなければならない。ただし、外方向のパスになるので、そのまま相手を外へ追いやるようにプレッシャーをかけていく。
DFのAとBはフラットなラインをキープし、AB間のゴール方向へのパスはカットできるようにする。相手がAもしくはBの裏へ出てボールを受けようとすれば、オフサイドになるようにする。
ボール
守備
攻撃
移動
ドリブル
パス
シュート

ラインをフラットに保って相手を外へ追いやる

サイドからの次は、自分たちがマークしている相手選手たちに対して、中央からボールが送られてくるときの対応を考えよう。

基本は、守備ラインをゴールラインとフラットな状態にそろえ、そのラインを高い位置に保つこと。ラインを追い越して相手がパスを受けようとしたら、その相手がオフサイドになるようにする。ただし、守備者同士の間を通すような、ゴール方向へ向かってくるパスは、カットできるようにしておく。

マーク相手がオフサイドにかからずにラインの外でボールを受けた場合は、すばやくついていき、相手をそのまま外方向へ追いやるようにして、ゴール方向にプレーさせないようにすることが大切だ。

相手を外に追いやる流れ

1 フラットなラインで高い位置に保つ。

2 オフサイドにならないタイミングでパスが出る。

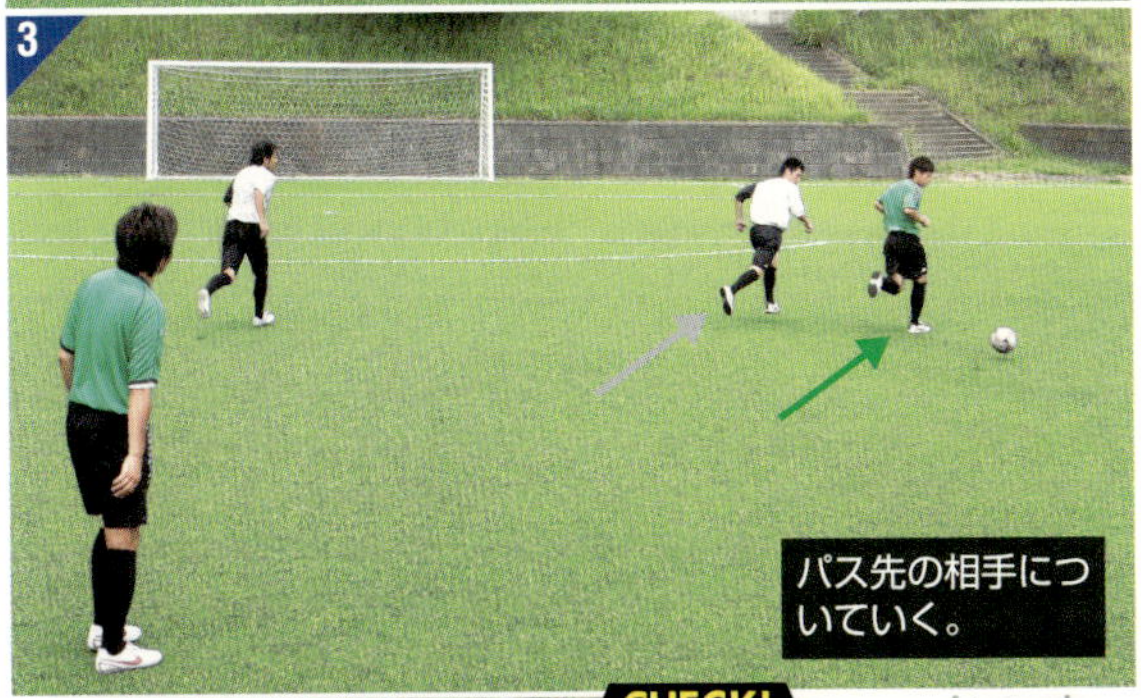

3 パス先の相手についていく。

4 CHECK! ゴール方向へプレーさせない！

外へ外へと相手を追いやる。

飛び出す相手をオフサイドにかける流れ

1 フラットなラインで高い位置に保つ。

2 相手が裏のスペースへ飛び出す。

3 CHECK! ラインを追い越したのでオフサイド！

中央からパスが出される。

4 オフサイドのホイッスルを確認する。

その1

遠くへ大きくクリアする

クロスボールをクリアする流れ

1
CHECK!
ボールのコースや
落下点を見極める！
ボールをよく見
てポジショニン
グを修正する。
2
ボールのコース
にすばやく入っ
てクリアの準備。

ボールをよく見てしっかり弾き返す

ゴール前に上がってくるクロスへの対応は、ディフェンスプレーの中でもとても重要な項目だ。

基本は、それらのクロスをクリア（蹴り返す）することで、ボールをゴール前から遠ざける。なるべく遠くへ、大きくクリアするのが原則だ。クリアが小さいと、相手にボールを拾われたときに、2次攻撃、3次攻撃を受けて、失点の可能性を高めてしまうことになる。

ただし、遠くへボールを飛ばしたいからといって、蹴り足を大振りしてしまうのは危険。かえってミスを多く招いてゴール前でピンチを迎えてしまう。勢いのあるクロスならば、正確性を心がけてしっかりミートすれば、ボールはある程度遠くへ飛ぶはずだ。

CHECK!
遠くへ大きくクリアする!

ゴール前からボールを遠ざけるように、なるべく遠くへ大きくクリアすることが原則だ。

4
3
大振りせずに正確性を心がけてしっかりミートする。
ボールの行方を確認してすばやく動く。

POINT CHECK!

まずはしっかりミートできるように

クリアでボールを遠くへ飛ばそうとして、蹴り足を大振りし過ぎると、その分きれいにミートすることが難しくなる。ミスキックで相手にボールを簡単に拾われ、2次、3次攻撃を受けないためにも、まずはしっかりとボールをミートすることを心がけよう。

NG

蹴り足を大振りすると、ミスする危険性が高いので、正確性を心がけることが大切。

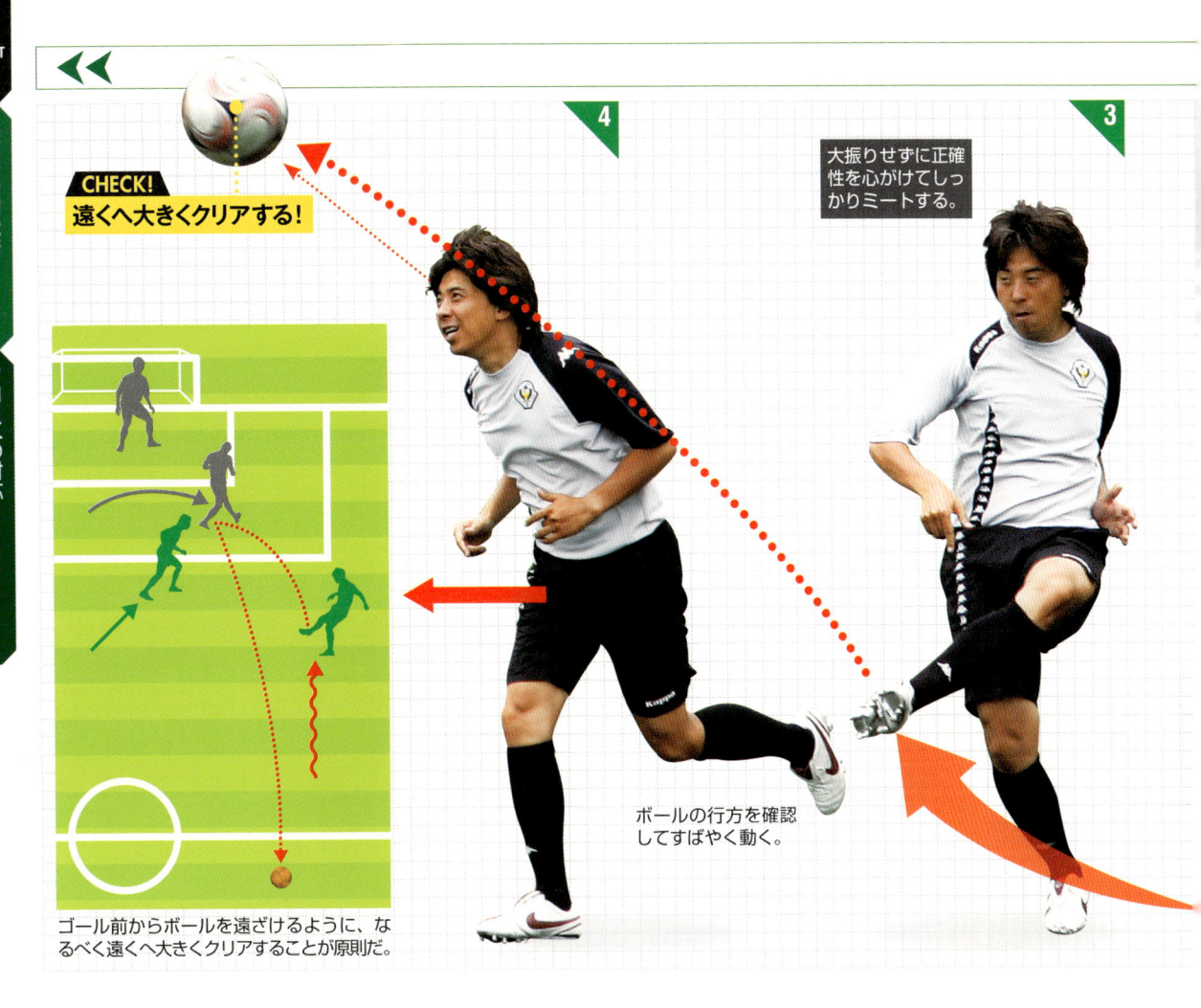

ポイント 2

ニアサイドのボールへの対応

1
クロスボールに合わせてポジションを修正する。
2
CHECK!
落下点に入ってボールを額まで呼び込む！
ボールをしっかりと見てクリアの体勢に入る。

クロスが上がってきた方向へクリアする

遠くへ大きく飛ばす、クロスの原則を押さえたうえで、さらに細かいポイントをチェックしておこう。まずゴール前の、ニアサイドにクロスが上がってきたケース。

マークする相手も速い動きでシュートを打ってこようとするので、自分の前に相手を入れさせないようにすることが大切だ。そのうえで、クリアのときはクロスが上がってきた方向へボールを跳ね返すのが原則になる。相手との競り合いで体勢が悪いことも多いので、無理なプレーをせず、見えているほうへシンプルにクリアする。

ただし余裕があるときは、味方にクリアをつなげるようにしてパスに変え、すぐに攻撃に移れるようにするといいだろう。

3

CHECK!
ヘディングのクリアでも正確にミートを心がける!

遠くへ大きく飛ばす意識で正確にミートする。

4

CHECK!
クロスが上がってきた方向へクリア!

ボールの行方を確認してすばやく動く。

POINT CHECK!

可能ならば味方へつなげるように

ニアサイドでの対応は、クロスが上がってきた方向へクリアすることが基本だが、その自分の視界の中、見えている範囲内でフリーの味方がいるのであれば、クリアをパスにしてすぐに攻撃に移るようにしてみよう。一気に形勢逆転ができるはずだ。

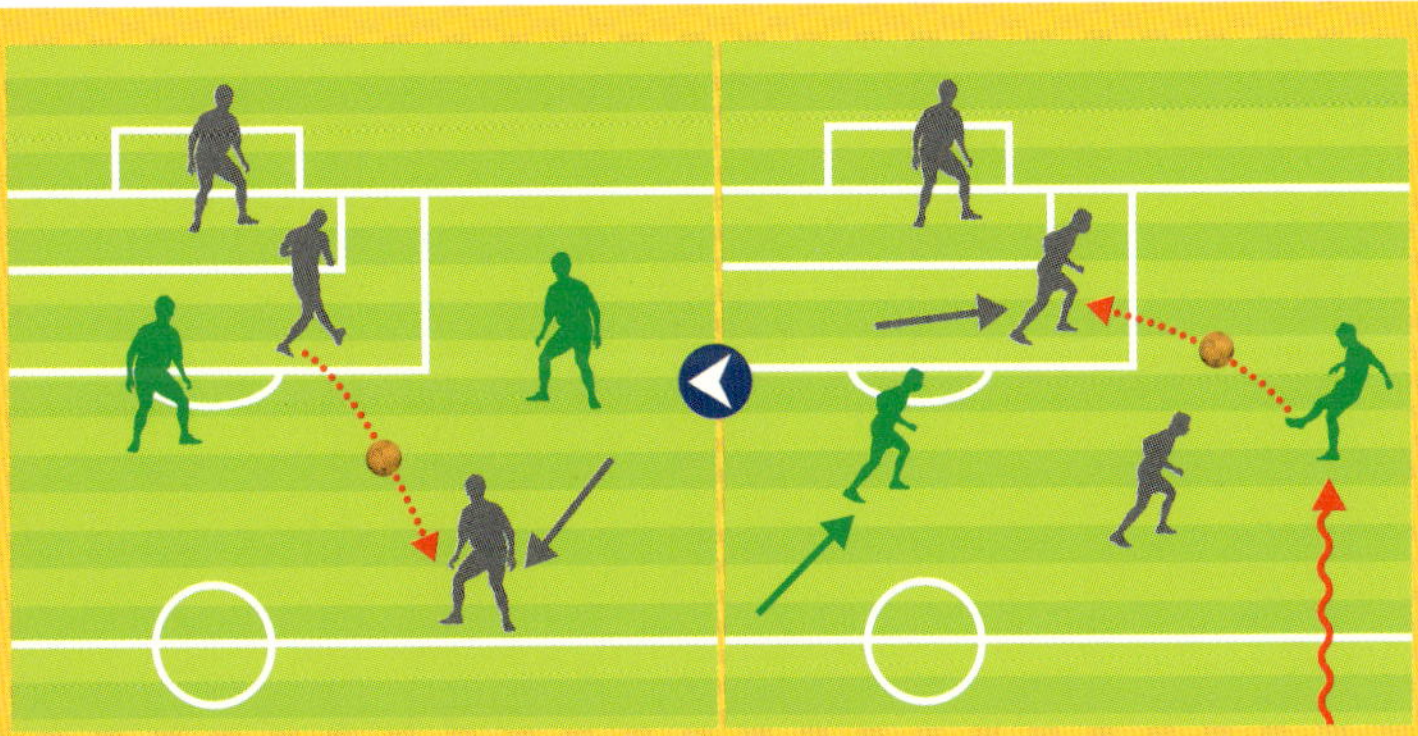

クロスがニアサイドへ上がってきたとき、フリーな味方がいたらパスにしてつなげたい。

ファーサイドのクロスへの対応

1
ファーサイドへのクロスボールと見極める。
2
すばやくポジショニングを修正してコースに入る。

ファーサイドのボールへの対応

クロスが上がってきた逆サイド方向へクリア

ファーサイドへ上がってきたクロスボールへの対応は、ニアサイドとは違ってくる。上がってきたボールを、自分の視野の外、逆サイドの方向へ大きくクリアするのだ。ニアサイドのケースのように、クロスが上がってきた方向にクリアすると、クリアしたボールがゴール前を通過することになる。もし、何かのミスでクリアが小さくなった場合など、ゴール正面で相手にボールを拾われて、失点する危険もあるからだ。

そこで、クロスが上がってきたのとは逆のサイドへ、なるべく大きく跳ね返す。自分の見えないほうへのクリアなので、逆サイドの相手に拾われるケースもあるが、そのときは再度対応して守ろう。

3
ボールを見ながらしっかり踏み込んでジャンプする。
CHECK!
上体をひねってボールを呼び込む！
4
CHECK!
上体のひねりで視界の外へボールを飛ばす！
ヘディングで逆サイドへ大きくクリアする。
5
CHECK!
逆サイドの状況を確認して次のプレーへ！
ボールの行方を確認してすばやく次のプレーに対応。

POINT CHECK!

ゴール前での2次攻撃を避ける

ファーサイドへのクロスの場合、ボールが上がってきた方向、同サイドへのクリアは危険。ミスが出た場合など、クリアがゴール前で拾われてしまうリスクがあるのだ。そうしたゴール前での2次攻撃を避けるために、逆サイドへクリアするようにしよう。

○
GOOD

サイドからのクロスを逆サイドへクリアして、ゴール前での2次攻撃を避ける。

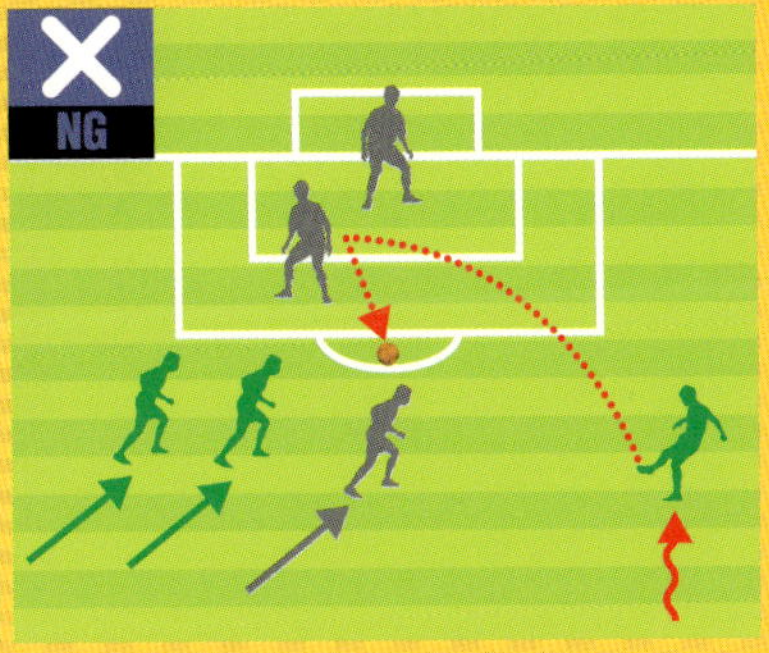
×
NG

同サイドへのクリアミスが起きた場合、相手にゴール正面から攻め込まれる危険が高い。

INTERVIEW

冨樫コーチに聞く 年代別の守備指導方法

――年代別の、個人、チームの守備の指導方法を教えてください。

冨樫　ジュニア年代では、ボールを奪う楽しさを求めます。抜かれるくらい近い距離に寄ることで、どこまで近づけばいいのか。相手のスピードについていけるのかどうか。そして足を出してボールを奪いにいくことで、自分の特徴を知ることにつながります。

ジュニアユース年代では、周囲を意識することを求めます。今、自分はどこにいて、相手はどこにいるのか。味方は何人いて、相手は何人いるのか。ボールに行くべきなのか、カバーリングするべきなのか。それをグループで共有することを求めます。

ユース年代では、チームとしてピッチ全体、試合の流れの中から奪いどころ、タイミングを作り出す。そして奪った瞬間が、攻撃の第一歩だということを求めます。

そして、すべての年代に共通して求めるのは、声です。合っている、間違えているということではなく、大きい声での要求がチームの統一感になります。「右切れ!」という声が皆に届けば、誰もが右を切って左サイドに追い込む。その意思を声で示せるのは、DFにとって何よりも武器になるからです。

――DFのポジション別のスペシャルトレーニングなどはやりますか？

冨樫　チャレンジ＆カバーが身につくようなシチュエーショントレーニングはやります。特にサイドバックは、ボールが逆サイドにあるときのポジショニングが非常に大切です。ポジションを絞る、あるいは開くという重要性を覚えないといけません。

そして、ヘディングトレーニングは毎日欠かさず行います。重要なスキルにもかかわらず、日本では幼少からのトレーニング量は少ないと感じています。だからこそいちばん伸びるスキルであり、DF、特にセンターバックにとって強力な武器となるでしょう。

PART 5
チームでの守備戦術

Introduction

チーム全体の守備戦術を学ぶ！

1 ゾーンディフェンス

P92-P95

自分の担当するゾーンに、入ってきたボールや相手をマークする守り方がゾーンディフェンス。ポジションバランスなどの特徴を理解し、ポイントを把握しよう。

2 マンツーマンディフェンス

P96-P99

ポジションに関係なく、自分が一度決めたマーク相手に、どこまでもついていく守り方がマンツーマンディフェンス。カバーリングなどの技術やポイントを学ぶ。

3 フォーメーション

P100-P103

現在のDFラインのフォーメーションの主な2つ、4バックと3バックの違いを紹介。それぞれの守備方法を学ぶ。

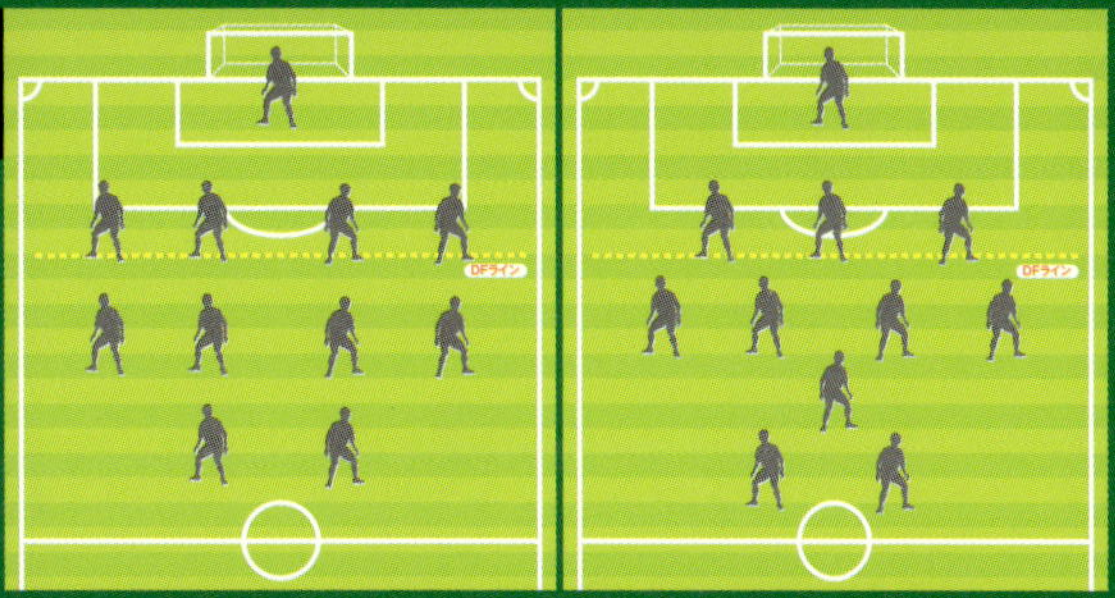

ここではゾーンとマンツーマンという、2つの大きなディフェンススタイルと、チーム全体の守備戦術の違いや特徴を紹介する。

守備者それぞれが、右・左など自分が守るゾーンを決めてプレーすることで、担当するゾーンへ入ってくるボールや選手に対応する。
CHECK!
各自がゾーンを受け持って対応する!

POINT CHECK!

ゾーンディフェンスのメリットとデメリット

メリット

ゾーンディフェンスのメリットには、選手それぞれがある一定のゾーンを受け持つので、ディフェンスがいない空きのスペースができにくく、攻撃側の選手に振り回されることが少ない点などがあげられる。

デメリット

デメリットとしては、特に受け持ちのゾーンの境界線で「マークの受け渡し（➡P94）」が行われる場合、受け渡しがスムーズでなかったり、どちらの選手についていくのか混乱してしまうと、フリーの選手を作ってしまうことがあること。

ゾーンディフェンスとは

各選手が担当するゾーンを決めてディフェンスする

11人のチームでのディフェンスを考えたとき、各選手が連動して守って相手からボールを奪うために、チームで守り方の約束事を決めてプレーするのが普通だ。

その中のひとつであるゾーンディフェンスは、各選手が担当するゾーンを決めてディフェンスする方法。守備時に、選手がそれぞれで受け持つゾーンを決めておき、自分の担当するゾーンに入ってきたボールや選手に対応して守ることになる。

チームとしては、全体のポジションのバランスが崩れにくいメリットがある。そのため相手にとっては、ゴール方向にプレーするのが難しく、攻撃に有効なスペースを見つけるのも難しくなるのだ。

ゾーンディフェンスの流れ

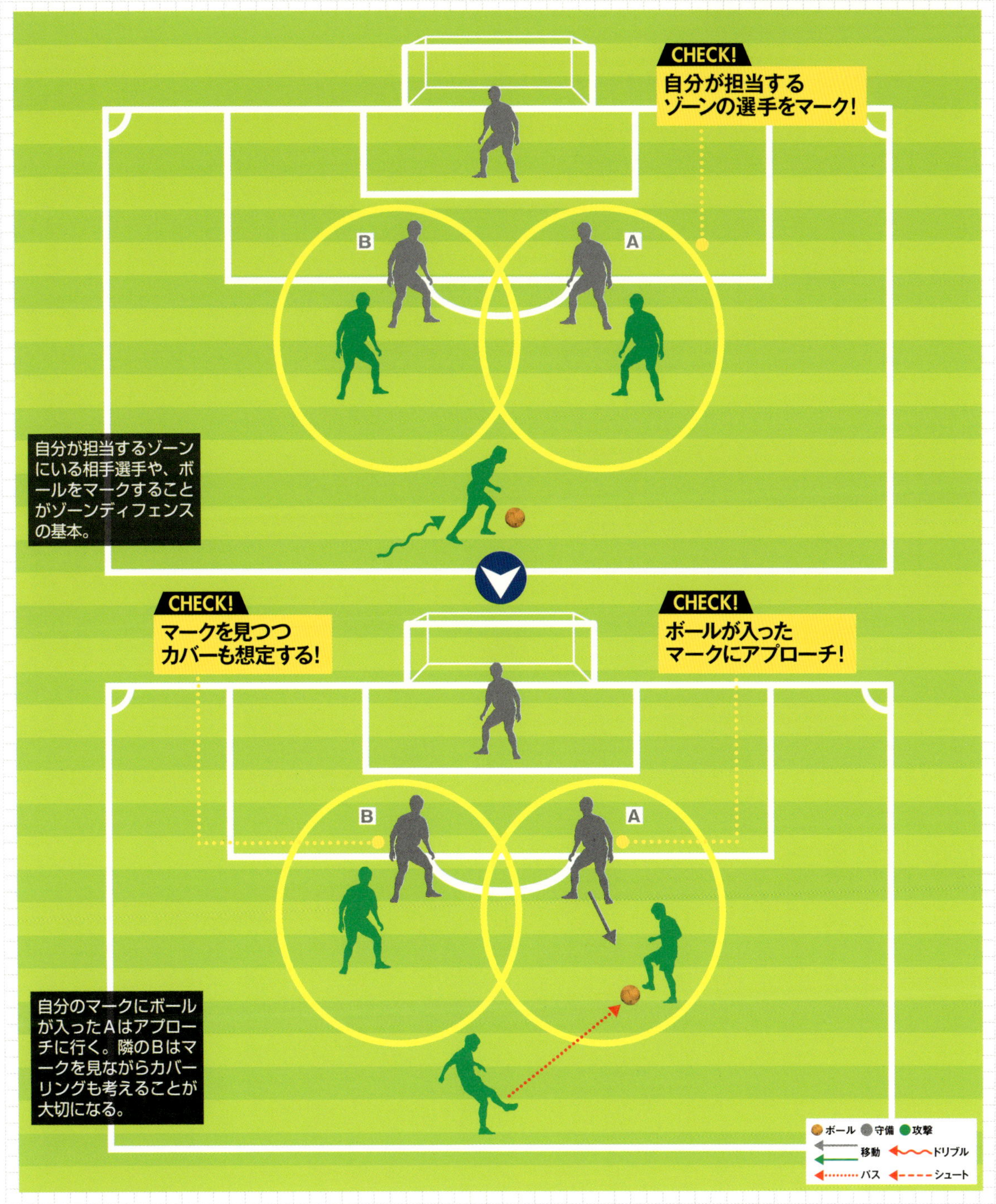
CHECK!
自分が担当する
ゾーンの選手をマーク!
B
A
自分が担当するゾーンにいる相手選手や、ボールをマークすることがゾーンディフェンスの基本。
CHECK!
マークを見つつ
カバーも想定する!
CHECK!
ボールが入った
マークにアプローチ!
B
A
自分のマークにボールが入ったAはアプローチに行く。隣のBはマークを見ながらカバーリングも考えることが大切になる。
ボール
守備
攻撃
移動
ドリブル
パス
シュート

マークを受け渡す

マークの受け渡し

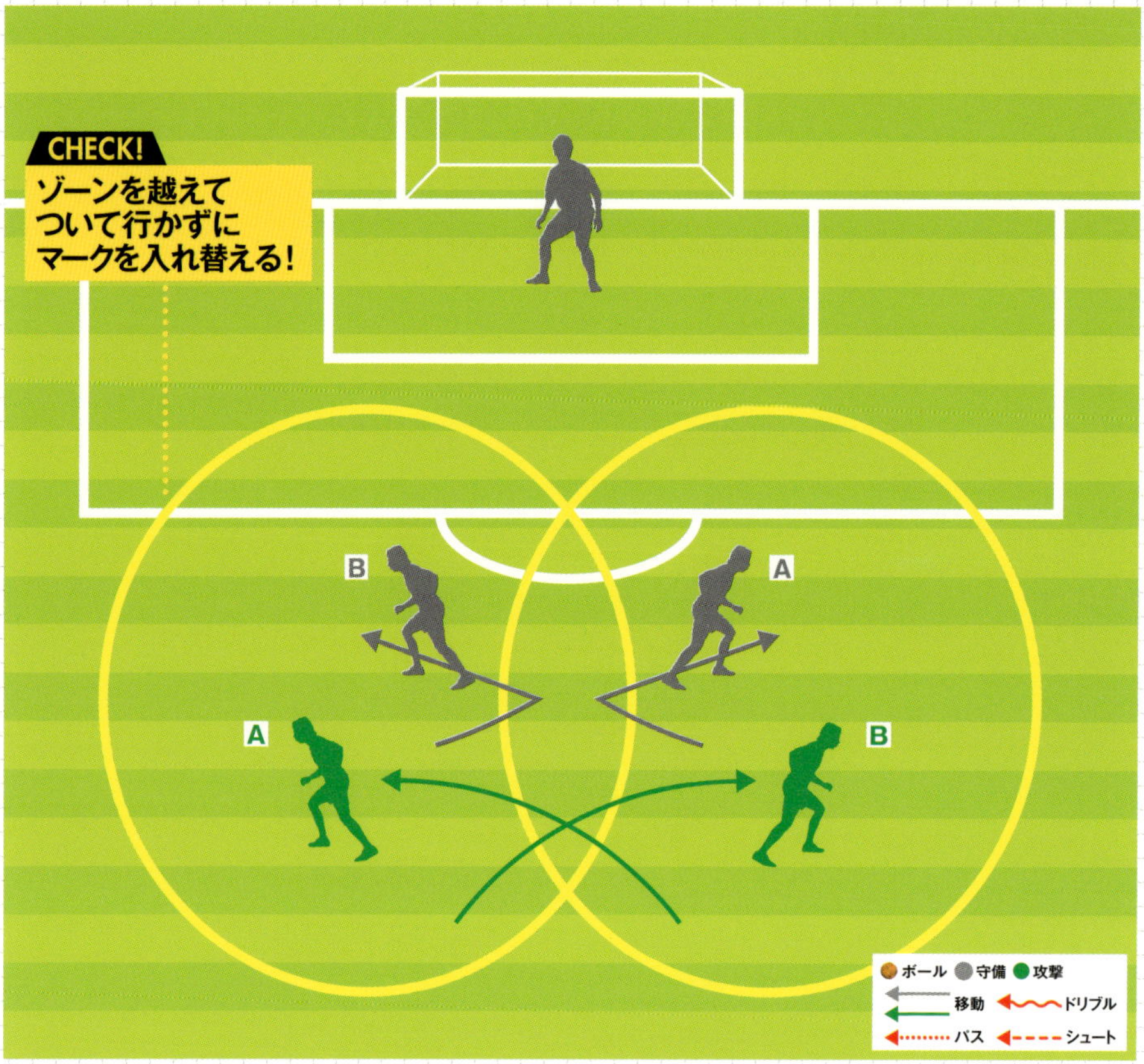
CHECK!
ゾーンを越えて
ついて行かずに
マークを入れ替える!
B
A
A
B
ボール
守備
攻撃
移動
ドリブル
パス
シュート

AのマークAとBのマークBがクロス（交差）する動きでポジションをチェンジ（スイッチ）してきたら、AとBは受け持ちのゾーンを越えてついて行かず、それぞれのマークを受け渡して対応する。

ポジションバランスを崩さずに受け渡す

ゾーンディフェンスの大きな特徴のひとつは、自分のマークする相手を味方の守備選手と受け渡すこと。試合中の相手のポジションチェンジに対して、担当する守備ゾーンを大きく変えずにマークを受け渡すことで対応する。

相手はマークを外そうとして動いてくるところを、動いた先で別のマークに会うという形になるので、ゴール方向へ攻めることが難しくなるはずだ。ただし、守備側は混乱が生じないように、マークを受け渡す選手同士でしっかりと声を掛け合って、マークをチェンジする必要がある。勝手にマークを渡してしまったりすると、隙ができて相手をフリーにさせてしまうので注意しよう。

マークを受け渡す流れ

1

攻撃側のAとBが、クロスする動きでポジションチェンジしてきた。

2

CHECK!
声を掛け合ってマークを受け渡す！

守備側のAとBはそれについていかず、マークを受け渡して対応する。

3

CHECK!
ステップを踏み変えて対応する！

ステップを踏み変えて、相手の動きについていく。

4

各自が自分のゾーンに入ってきた相手をマークする。

マンツーマンディフェンスとは

守備者それぞれが、自分のマークする相手を決めてプレーすることで、相手の近くでプレッシャーをかけ続けることができる。
CHECK!
マークする相手にずっとついていく!

POINT CHECK!

マンツーマンディフェンスのメリットとデメリット

メリット

マンツーマンディフェンスのメリットには、自分がマークする相手を決めて試合中ずっとプレーできるので、初心者でも明確な意思を持って動くことができる。また、相手選手の能力に合わせて選手をあてることも可能。

デメリット

相手選手の動きに合わせてプレーするので、全員がマンツーマンで守ると、ディフェンスのいないゾーンができる可能性が高く、全体のポジションバランスが崩れやすい点などがあげられる。

各選手が担当する相手を決めてディフェンスする

マンツーマンディフェンスとは、各選手が自分のマークする相手を決めて、試合中ずっとその同じ相手をマークし続けながらディフェンスする方法だ。

このディフェンス方法は、相手の近くにポジショニングし続けられるので、相手がボールを持っているときも持っていないときも、常に自由にプレーさせずに、プレッシャーをかけ続けることができる。ただし、全員がマンツーマンディフェンスをすると、全体のポジションバランスは崩れやすい。

そこで今では、全体のカバーリングを担当する選手を置いたり、相手のキーマンだけにマンツーマンディフェンスをするなど、部分的に利用するチームが多い。

マンツーマンディフェンスの流れ

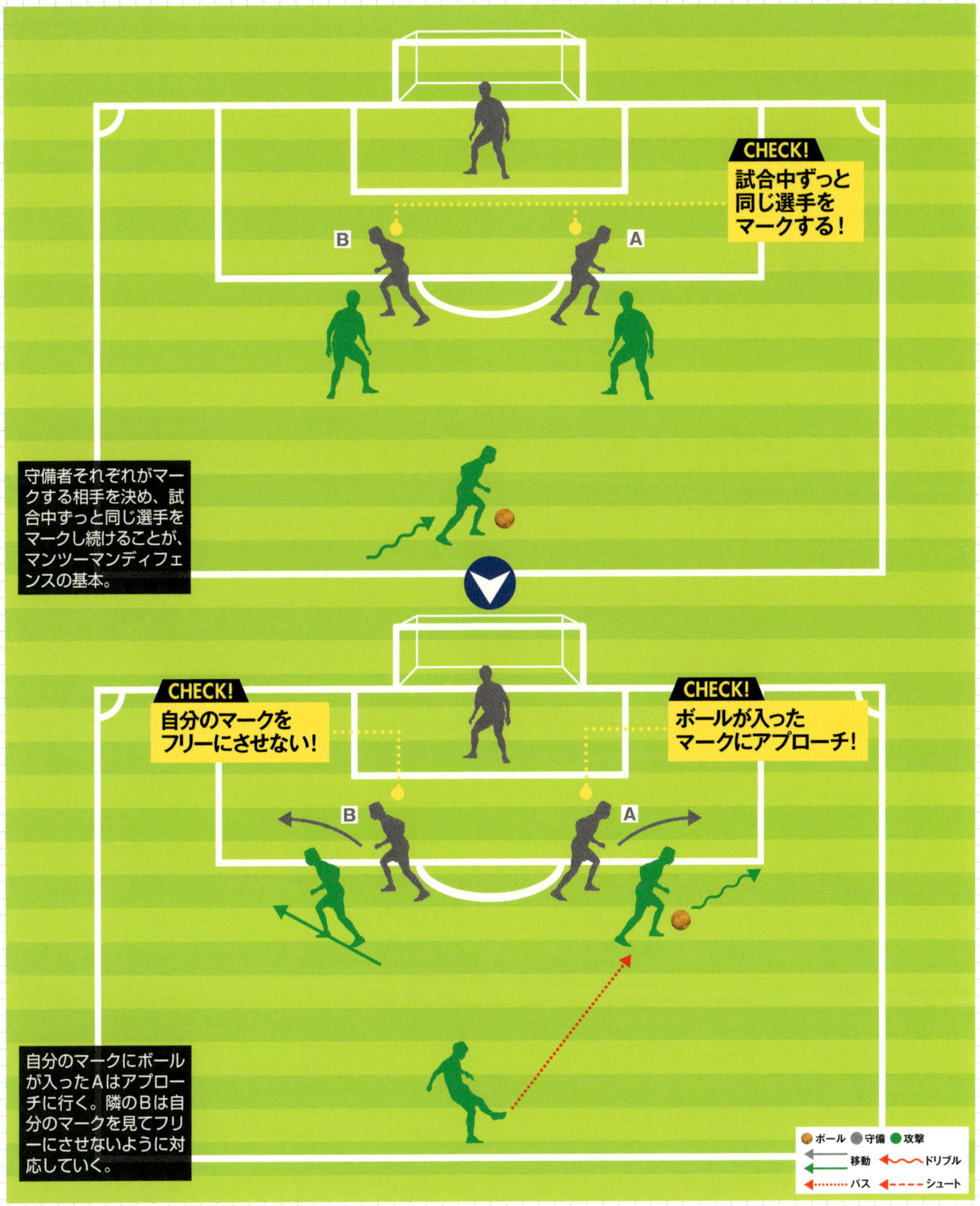
CHECK!
試合中ずっと同じ選手をマークする！
B
A
守備者それぞれがマークする相手を決め、試合中ずっと同じ選手をマークし続けることが、マンツーマンディフェンスの基本。
CHECK!
自分のマークをフリーにさせない！
CHECK!
ボールが入ったマークにアプローチ！
B
A
自分のマークにボールが入ったAはアプローチに行く。隣のBは自分のマークを見てフリーにさせないように対応していく。
ボール
守備
攻撃
移動
ドリブル
パス
シュート

相手がスイッチしてきたときの対応

ポジションを入れ替える

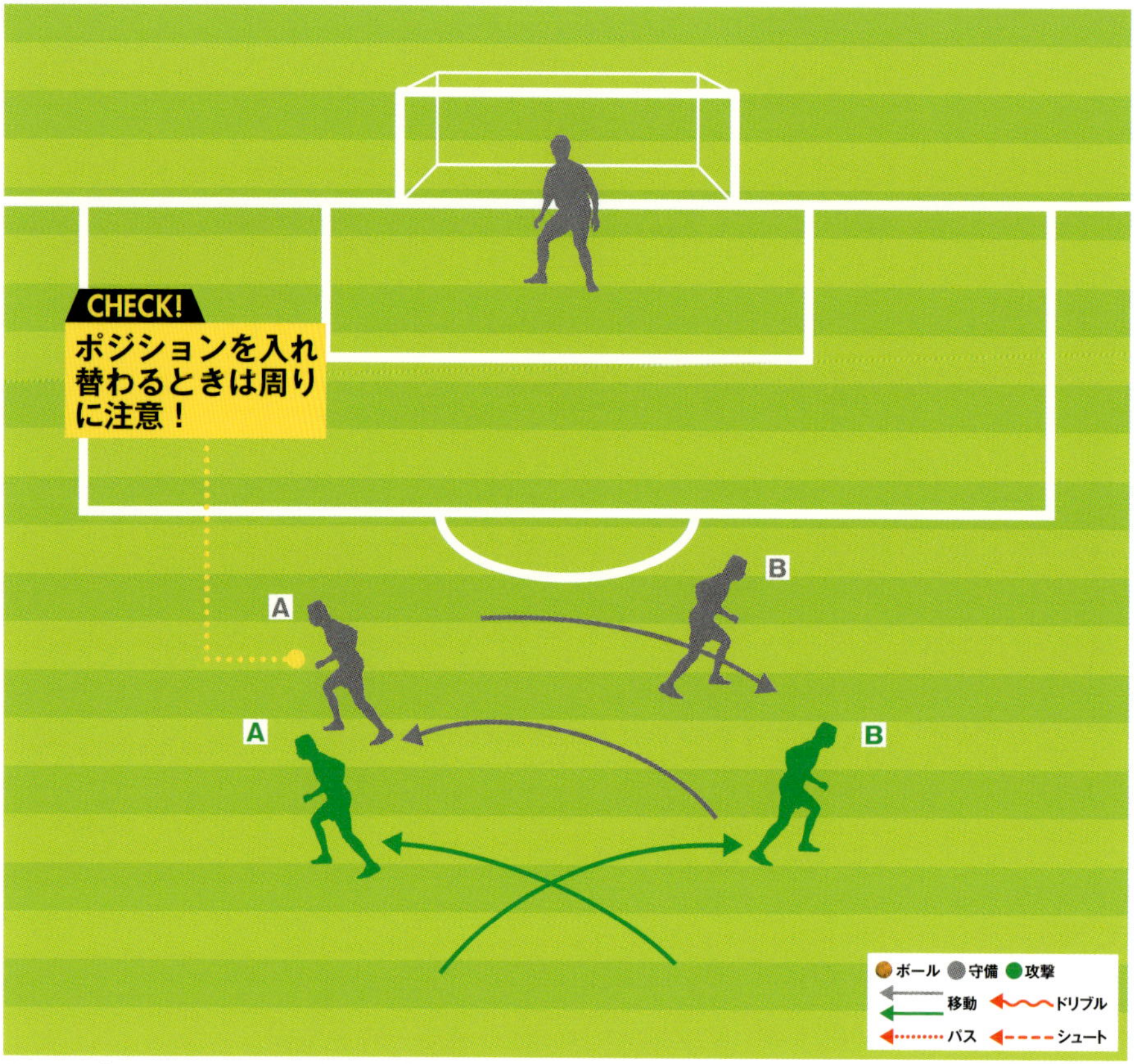
CHECK!
ポジションを入れ替わるときは周りに注意！
A
B
A
B
ボール
守備
攻撃
移動
ドリブル
パス
シュート

AのマークAとBのマークBがクロス(交差)する動きでポジションをチェンジ(スイッチ)してきたら、AとBはすばやくポジションを入れ替わってマークにつき続けて対応する。

距離を空けずに隙のないディフェンスを目指す

相手をマークし続けることで、自由にプレーさせない方法がマンツーマンディフェンスだが、相手がマークを外そうとしてきた場合を考えてみよう。

相手はこちらから離れてフリーになろうとするので、こちらはなるべく距離を空けないで、隙を作らずにマークし続けることが大切になる。特に相手がポジションをチェンジ(スイッチ➡P94)してきたときなどは、相手が入れ替わる際にスピードの緩急でマークを外そうと狙ってくることも多い。その瞬間に敵味方とのすれ違いでぶつからないように、周りをよく見て注意しながら、すばやく距離をつめて、プレッシャーをかけるようにしよう。

ポジションを入れ替える流れ

1

周囲をよく見てマークについていく。

2

CHECK!
敵味方とすれ違う瞬間にぶつからないように！

相手がスイッチしても冷静につき続ける。

3

すばやく距離をつめてマークし直す。

4

相手との距離をつめてプレッシャーをかける。

4バックでの守り方

4バックのシステム

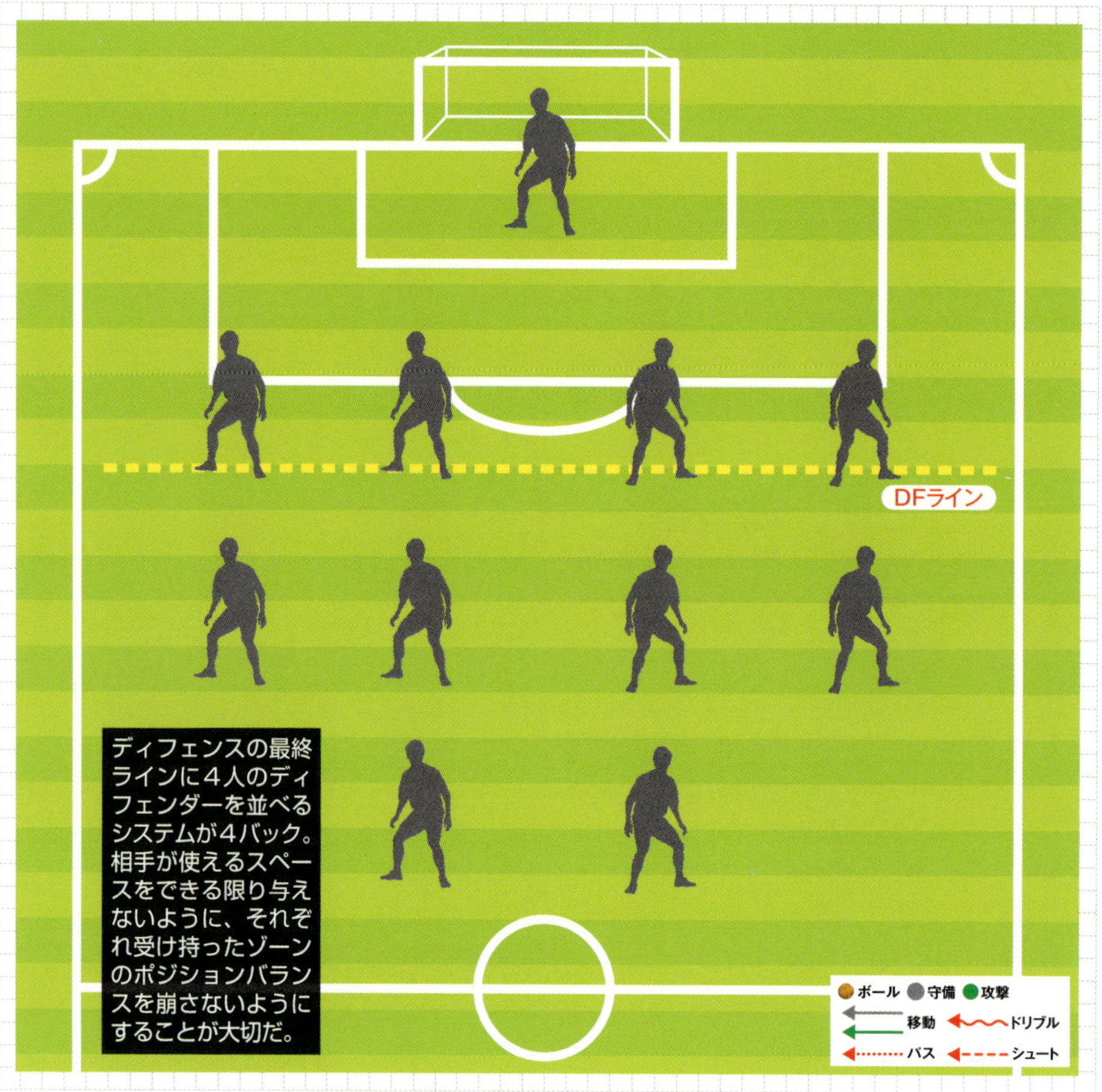

ディフェンスの最終ラインに4人のディフェンダーを並べるシステムが4バック。相手が使えるスペースをできる限り与えないように、それぞれ受け持ったゾーンのポジションバランスを崩さないようにすることが大切だ。

ゾーンディフェンスが基本 マーク&カバーリングで対応

現在のサッカーのDFラインは、4人の選手を配置する4バックを採用するチームが多い。

4バックの場合は、ゾーンディフェンスを採用するのが基本だ。4人がピッチの横幅をバランスよく埋め、また前線の選手たちをうまくコントロールしながら、相手にゴール方向へ攻めていくスペースを与えないようにする。

そして、ボールのある位置に合わせてポジションバランスを崩さないようにしながら、全体をボール方向に組織的に移動させ、ゾーンをコンパクトにする。選手間の距離を縮め、各選手がマークとカバーリングを繰り返しながら、相手にプレッシャーをかけてボールを奪いにいくのだ。

4バックでの守り方

各選手が担当するゾーンを守りながら、ポジションのバランスを保った状態。4バックの選手は前線の選手たちをコントロールする。

CHECK!

相手がゴール方向に攻め込めないようにゾーンを埋める!

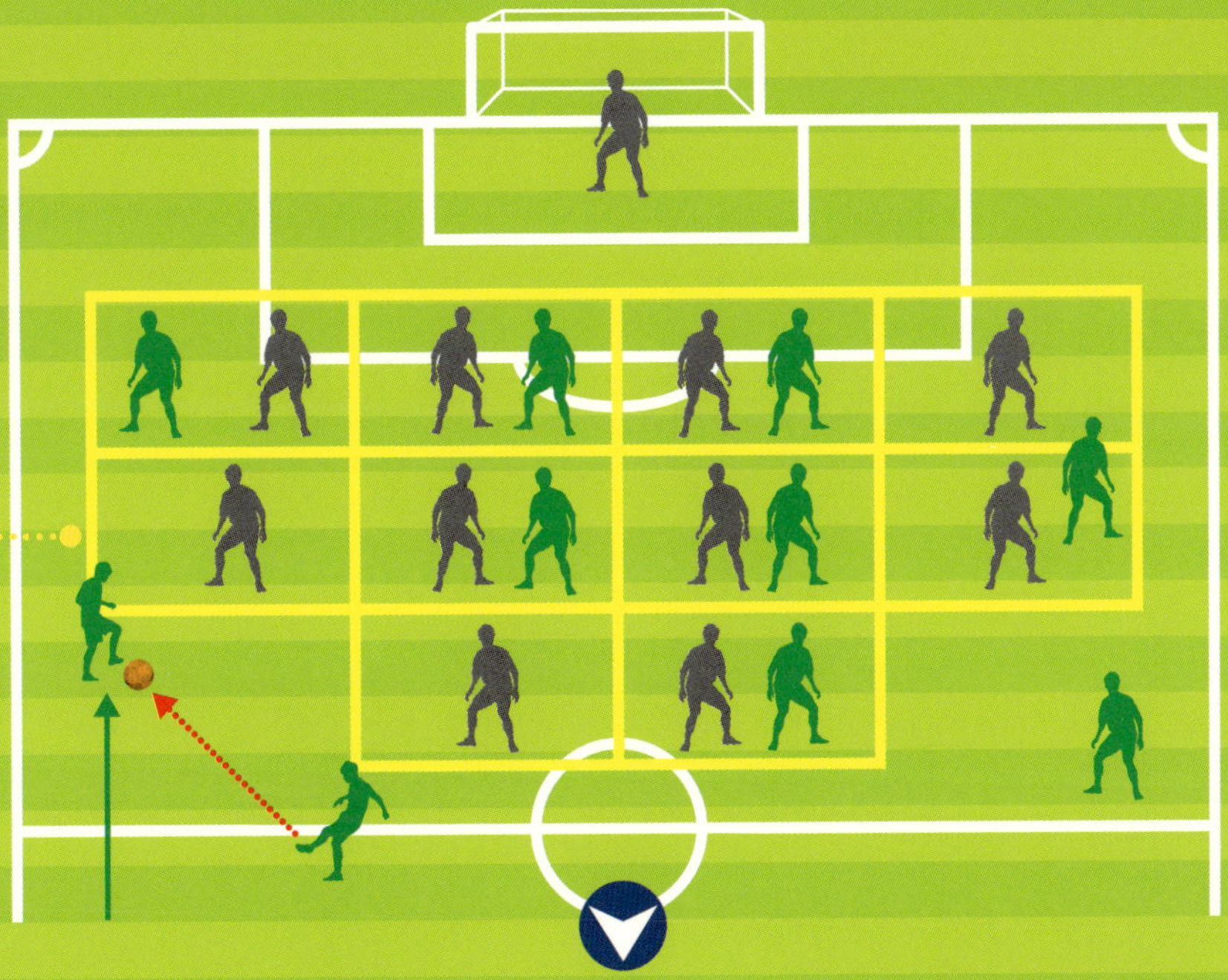

ボールの位置に合わせて全体がポジションを修正していく。組織的にゾーンをコンパクトにすることでボールを奪いに行く。

CHECK!

数的優位の状況を作ってボールを奪いに行く!

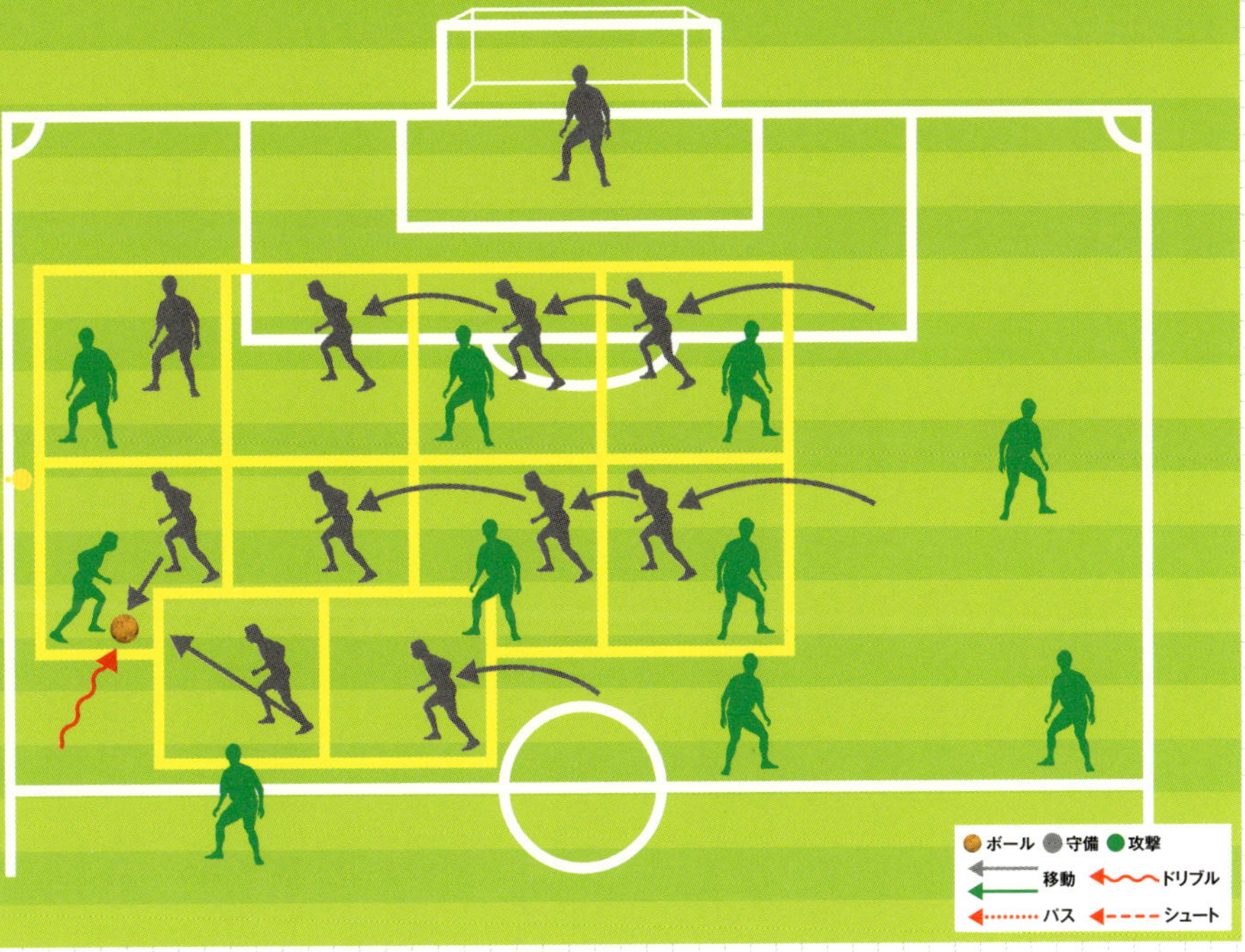

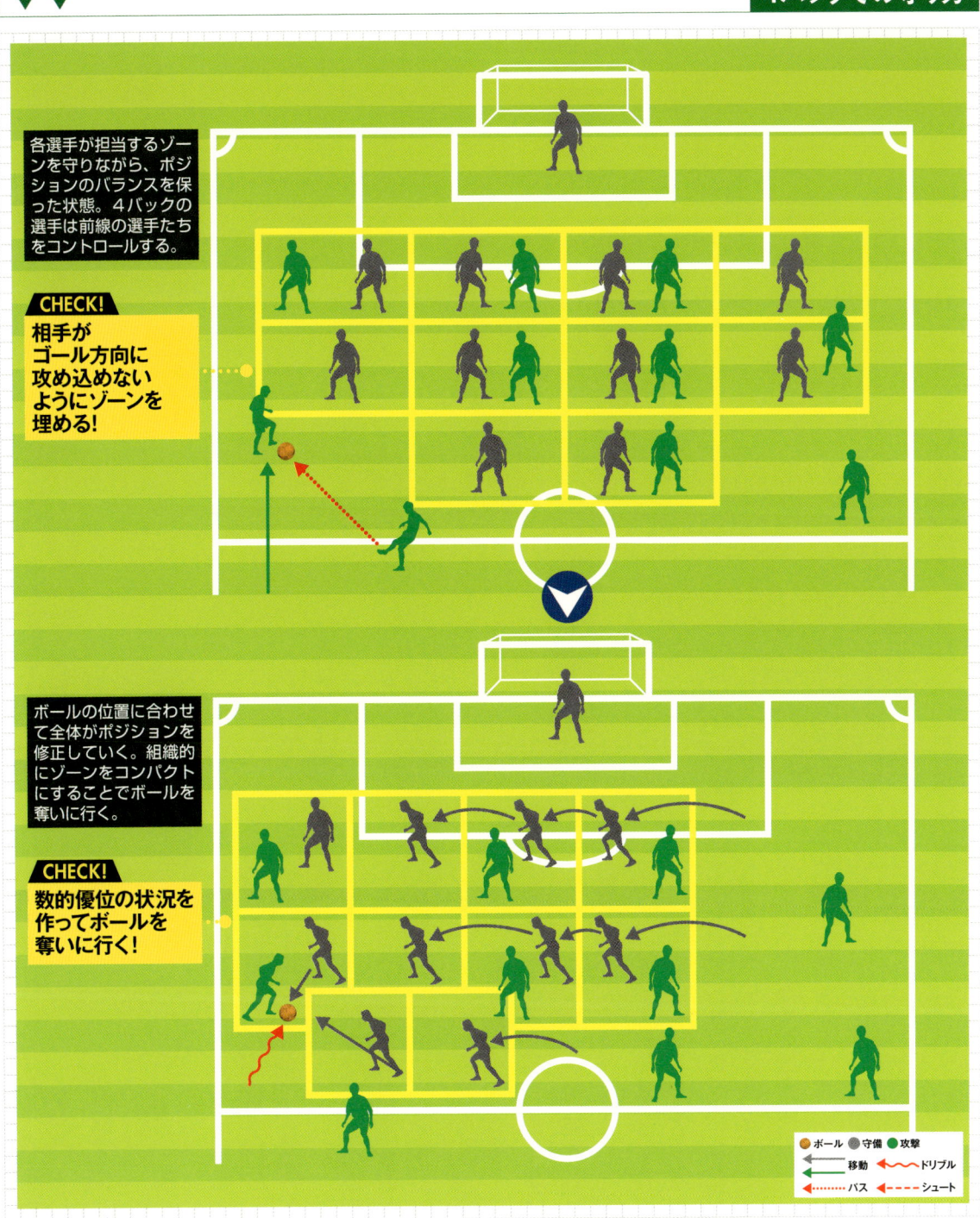

ポイント 2

3バックでの守り方

3バックのシステム

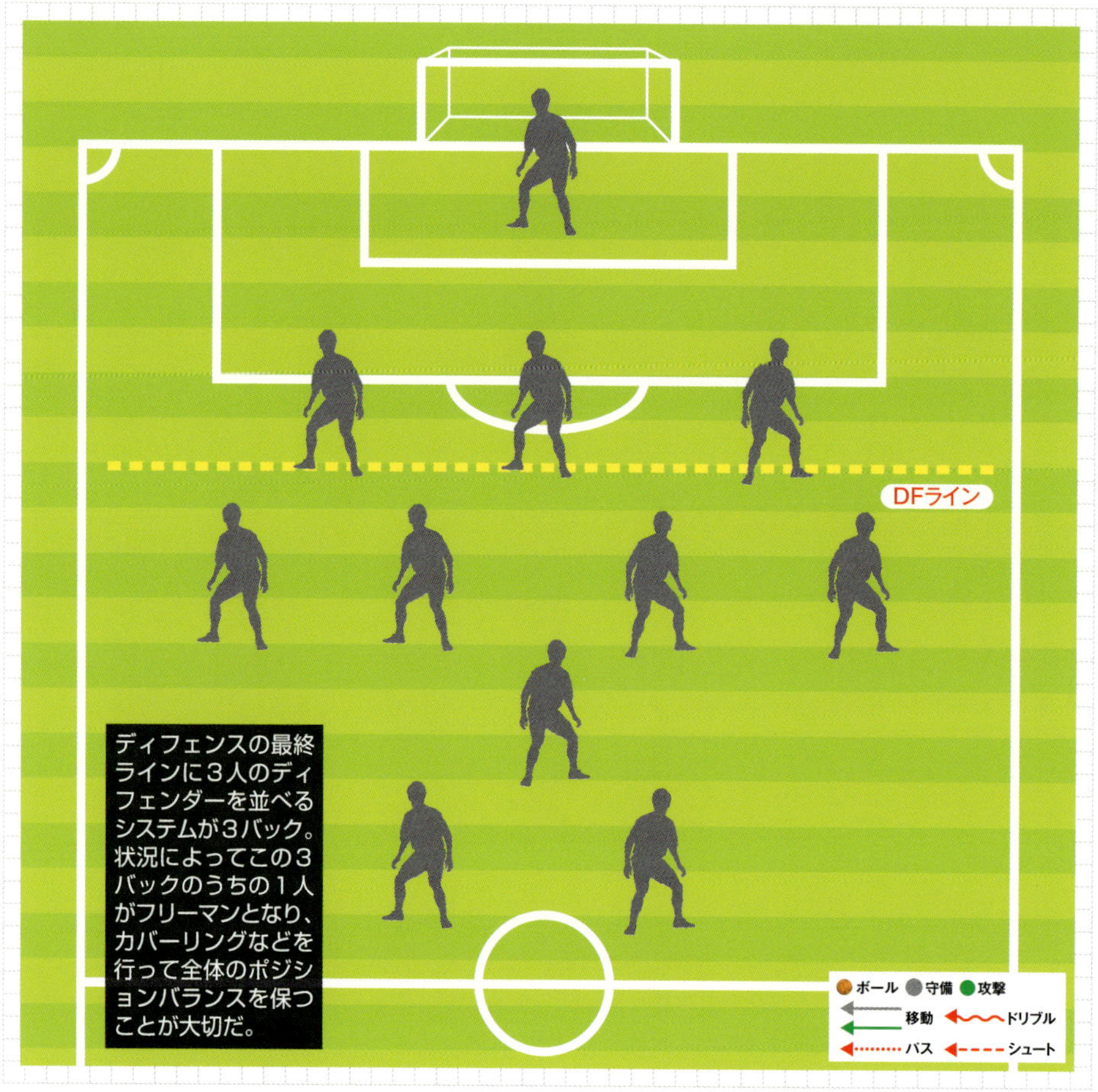

ディフェンスの最終ラインに3人のディフェンダーを並べるシステムが3バック。状況によってこの3バックのうちの1人がフリーマンとなり、カバーリングなどを行って全体のポジションバランスを保つことが大切だ。

マンツーマンを部分的に採用、後方にカバーリング担当を置く

相手との力関係やゲームの状況によって、3バックを採用するチームもある。選手としては3バックと4バック、両方に対応できるようにしておきたいところだ。

3バックの場合でもゾーンディフェンス（⬇P92〜95）が基本だが、部分的にマンツーマンディフェンス（⬇P96〜99）を採用することが多い。相手の前線のFWやサイドアタッカーなどに、特定のマークをつけて自由にプレーさせないようにし、ゲームの主導権を握る狙いだ。そして、DFラインに1人、チーム全体をカバーリングできるフリーマンを置き、マークが外されたときや、ポジションのバランスが崩れたときなどに対応していこう。

3バックでの守り方

各選手が担当する選手のマークにつきながらポジショニングする。この状況ではAの選手がフリーマンとして全体のポジションバランスを統率する。

CHECK!

ポジションバランスを保ちながらマークにつく！

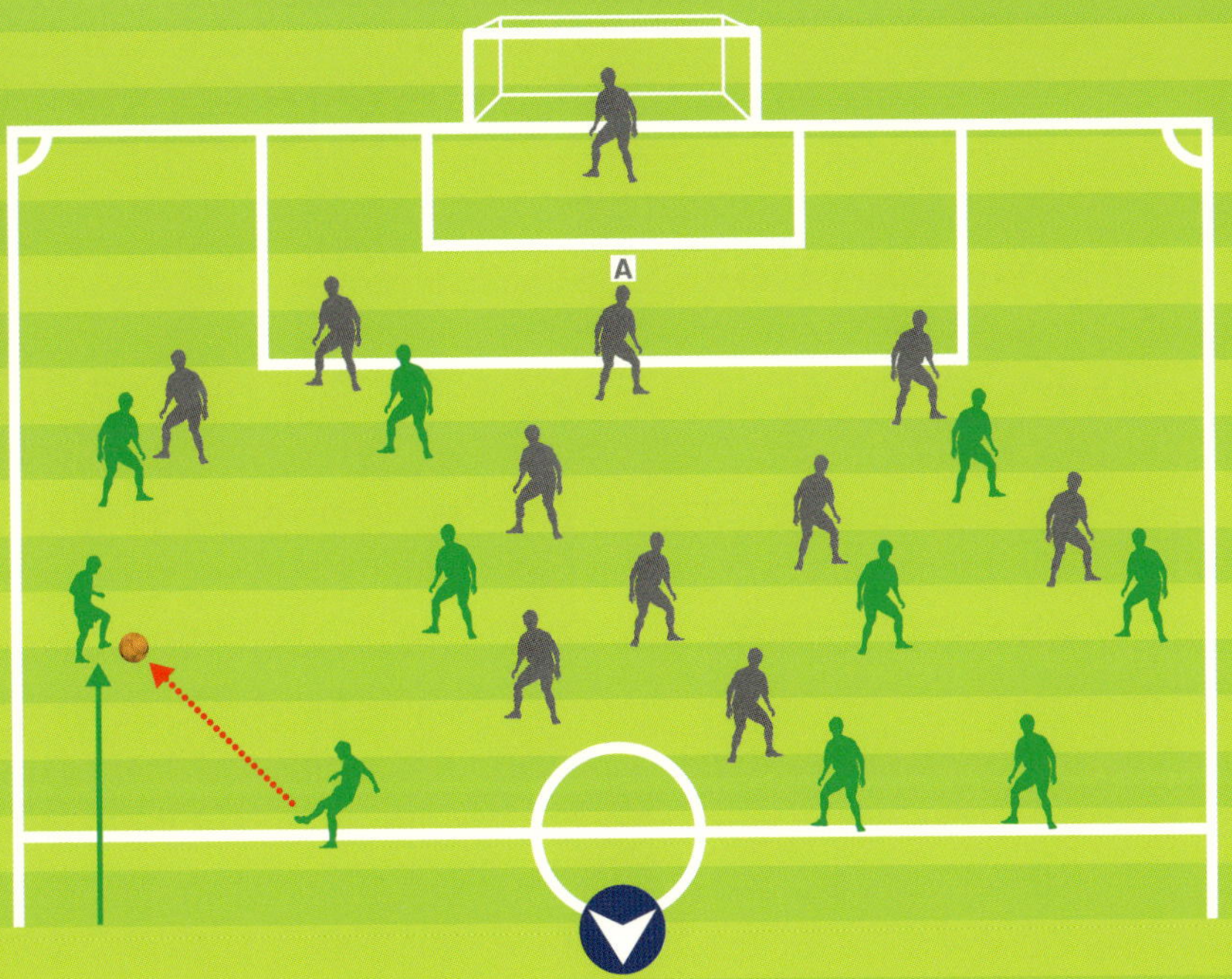

ボールの出どころに1人がアプローチする。前線の選手はそれぞれの相手にぴったりとマークしながら、最終的にはフリーマンのAが全体をカバーリングする。

CHECK!

フリーマンがチーム全体をカバーリング！

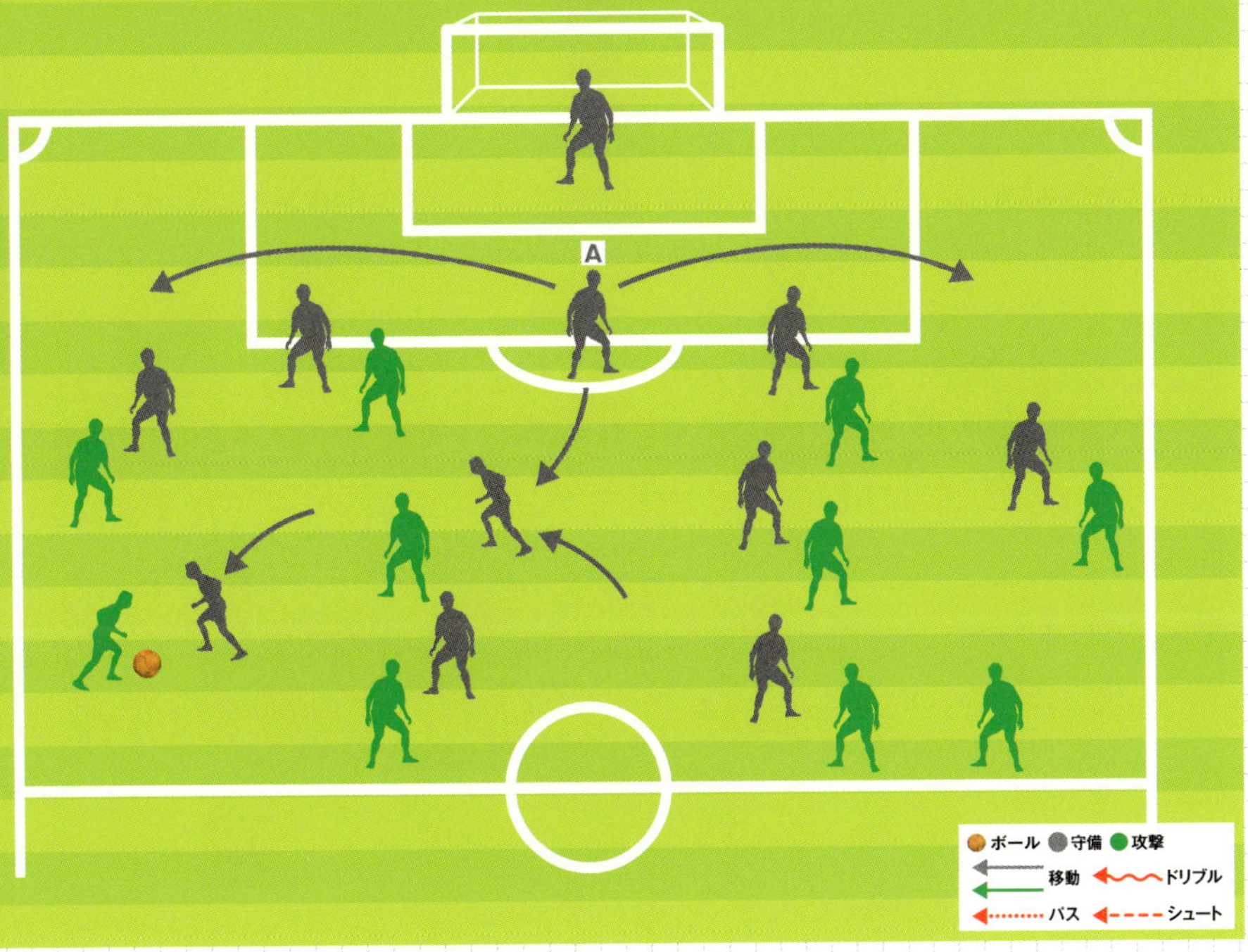

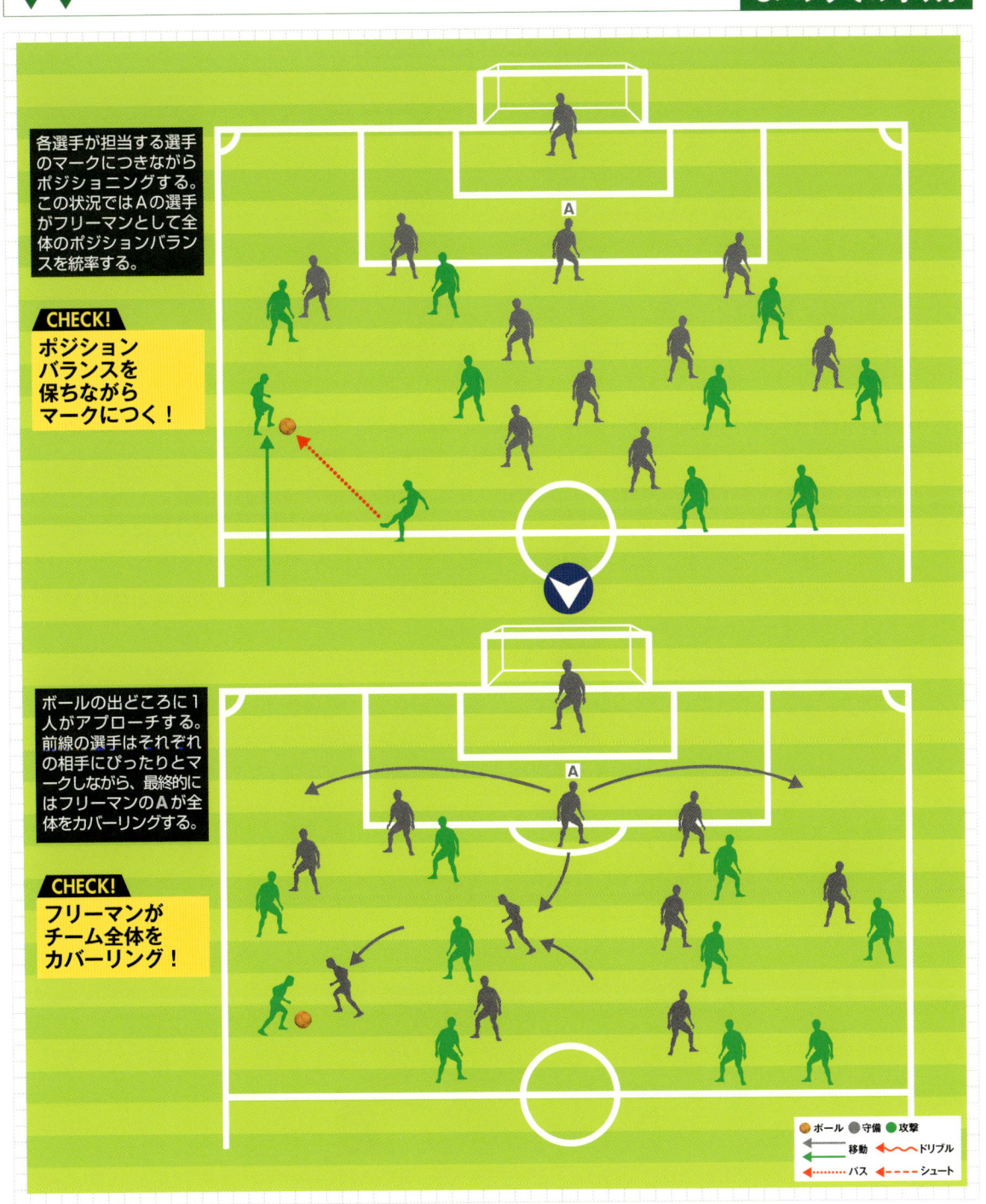

INTERVIEW

沖田GKコーチに聞く GKについて

――年代別のGKの育成法を教えてください。

沖田　ジュニア年代では、GKとしてトレーニングを専門化するのではなく、フィールドプレーヤーと同様のトレーニングを行う中で、サッカーに必要なスキルを獲得することが大切です。その中でボールをつかむことやGKとしての動きを試合形式で習得するのがいいでしょう。

ジュニアユース年代では、GKとしての適正を見極め、専門化したトレーニングを開始します。12～13歳では、基本技術をしっかり獲得できるようにする。そして、14～15歳では、基本技術を反復練習によって自動化し、高い筋力を使うトレーニングにしていきます。また、チームトレーニングの中で戦術を習得していくことが大切になります。

ユース年代では、習得した技術をプレッシャーの中で正確に、ミスなく適用できるようにします。技術、戦術を、試合形式の中で正確な判断を伴って発揮できるようになることを目標としています。

――GKについて沖田さんが求めていること。優れたGKとはどんな選手で、どんな素質、特徴があるのか、教えてください。

沖田　現在のサッカーの主流はボールポゼッション。これができることが当たり前となっています。ですから、必然的にGKにもビルドアップ能力が問われるわけです。

ボールをただ止める、捕るだけでなく、その後の流れを作るのも、GKの大事な仕事になります。したがって、足元のボールを扱う技術は、必要不可欠になるでしょう。

またGKにとっては、リーダーとしての素質も非常に大切な要素です。GKやDFは、受身や守勢に回ったときに、精神的なものからミスが出ることも多いのです。そういうときこそ立ち直る強い意志を持つこと。それを仲間に伝え、先頭に立って戦えることが最も重要ではないでしょうか。

PART 6
GKのテクニック

このパートの狙いとポイント

GKの基本テクニックを学ぶ

キャッチ、セーブ、スローなど、多岐にわたるGKのプレーを一挙に紹介。ここでGKテクニックの基本のすべてを学ぼう。

1 基本プレーのチェック

P108-P127

構えとポジショニング

GKはボールが飛んでくる前の、構えとポジショニングが大切だ。どんなボールが来てもすばやく対処できるよう、正しい構えと正しいポジショニングを身につけよう。

キャッチング

浮き球のボールとグラウンダーのボール。上、下、両サイドの正面に来たボールのキャッチングの基本を学ぶ。

セービングとパンチング

横っ飛びでボールをキャッチしたり、弾いてゴールを防ぐセービングと、ボールをパンチして遠くへ飛ばすパンチングを紹介する。

クロスボールのキャッチ

サイドから上がってくるクロスボールをキャッチするテクニック。複数の相手がいるゴール前での、ボディバランスの保ち方などのポイントを紹介。

スローイング

近距離から中距離、長距離まで、味方へボールを投げて渡すスローイング。状況に合わせて投げるためのポイントを紹介する。

GKの正しい構え方

GKの正しい構え方（正面から）

両手は、左右はもちろんのこと、上にも下にもすばやく出せる位置にセットすることが大切だ。

CHECK!
両手を体の中央の前にセット!

GOOD
顔
顔を上げてピッチ全体を見渡す
体の向き
常にボールのある位置に向ける
両足
肩幅より少し広めに開き、体重を左右均等にかける

NG
手の位置が低すぎる場合、上へのボールへの反応が遅れてしまう。

あらゆる方向にすばやく反応できる姿勢をとる

サッカーで唯一手を使うことが許されるGK（ゴールキーパー）は守備の要だ。構え方で最初に気をつけたいのは、手の位置。相手のシュートは、上下左右あらゆるコースに飛んでくる。それを防ぐGKは、どの方向にもすばやく対応できるように、体の中央の前に両手をセットするといい。

もうひとつは、ヒザを曲げた、軽い前傾姿勢で構えること。両足の親指に力を入れてカカトが軽く浮くような体勢で対応する。シュートを打たれた方向にすばやく足が動き、体をスムーズに反応させるためだ。逆に、極端に高い位置や低い位置に手を置いたり、棒立ちで構えたりすると、シュートへの反応が遅くなるので注意しよう。

GKの正しい構え方（横から）

ヒザを曲げ過ぎると極端に低い構えになり、腰が落ちてボールへの反応が遅くなる。

ヒザを伸ばし過ぎると極端に高い構えになり、低いボールへの反応が遅くなる。

GOOD

ひじ
軽く曲げて手を胸の前に出す

ワキ
軽く締める

ヒザ
軽く曲げて自然と前傾姿勢になるようにする

親指
親指に力を入れることでカカトが自然に上がる

ボールへのすばやい反応ができるように、軽くヒザを曲げた前傾姿勢で構えることが大切だ。

POINT CHECK!

ツマ先立ちではなく、両足の親指に力を入れる

軽い前傾姿勢をとるときには、両足の親指に力を入れて構えることがポイント。そうすると自然にカカトが軽く浮く姿勢になるはずだ。ただし、カカトを浮かせることを意識するあまり、ツマ先立ちになるとバランスが崩れてしまうので注意が必要だ。

両足の親指に力を入れ、自然にカカトが浮く姿勢をとる。

無理にカカトを上げたツマ先立ちは、かえってバランスが悪くなってしまう。

GKのポジショニング

ボール位置に合わせてポジショニング

常にゴール中央と、ボールを結んだ線上に構えること。ゴール前で半円を描くようにポジション移動する形になる。
ボール
守備
攻撃
移動
ドリブル
パス
シュート

ボール位置が移動したら、ゴール前ですばやく移動して構え直すことが大切だ。

ゴール中央とボールを結んだ線上に構える

GKは姿勢だけでなく構える位置、つまりポジショニングも大切になる。基本はゴールの中央とボールを結んだライン上に立つこと。そして、ゴールラインより前で構えてシュートを防ぐ。

試合中、ボールはあらゆる方向に移動するので、その都度すばやく、こまめにポジションを変える必要がある。ゴール前で半円を描くような移動でボールの動きに対応しよう。そして余裕がある場合は、ゴールの中央とボールを結んだライン上で、前に出ていって構える。シュートを打つ相手に対して、横へのシュートコースを狭めることでプレッシャーをかけるのだ。ただし、前への出過ぎは上のコースが空いてしまうので注意しよう。

チャンスがあれば距離をつめる

チャンスがあれば、シュートを打つ相手に対して前に出て行き、シュートコースを狭めるようにする

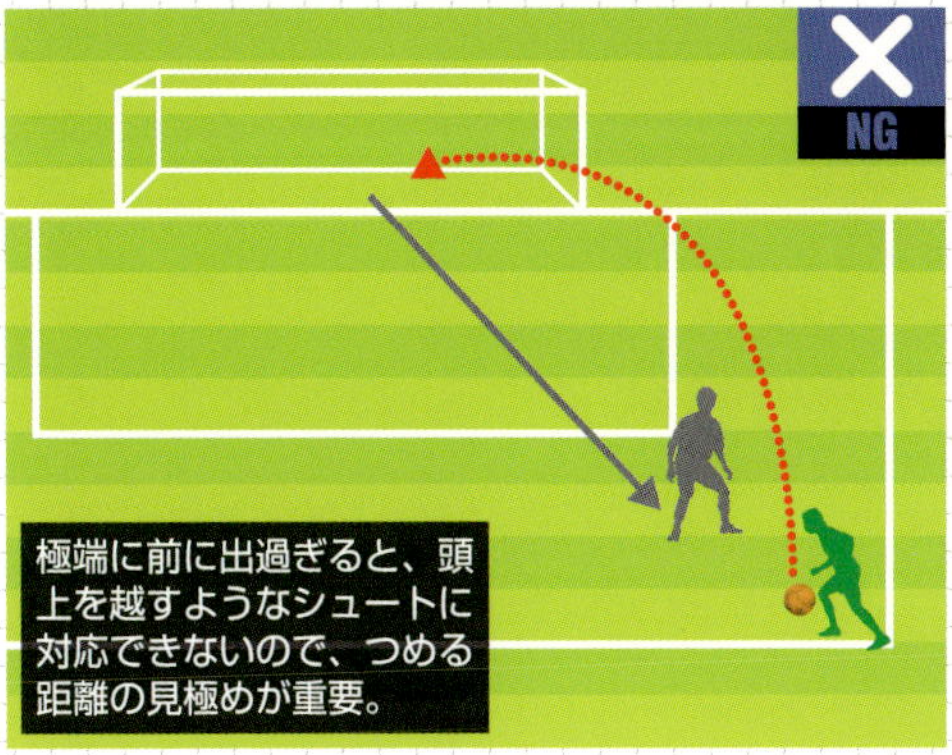

極端に前に出過ぎると、頭上を越すようなシュートに対応できないので、つめる距離の見極めが重要。

ゴールライン付近で構えているよりも、前に出た位置の方が相手のシュートコースを狭めることができる。

POINT CHECK!

ゴールラインより前に構えるメリット

GKは基本的にゴールライン上には立たず、ラインよりも前に構えてゴールを守る。もしライン上にいて、シュートを軽くでも後ろにこぼしてしまったら、ゴールになってしまうからだ。ラインよりも前に立つのは、こうした挽回のチャンスがあるからと考えよう。

ゴールラインよりも前に構え、ボールをこぼしても再度反応できるようにしておく。

ゴールライン上に構えると、ボールを軽くこぼしただけでゴールになってしまう。

浮き球のキャッチング

正しいキャッチングの形

両手をくっつける

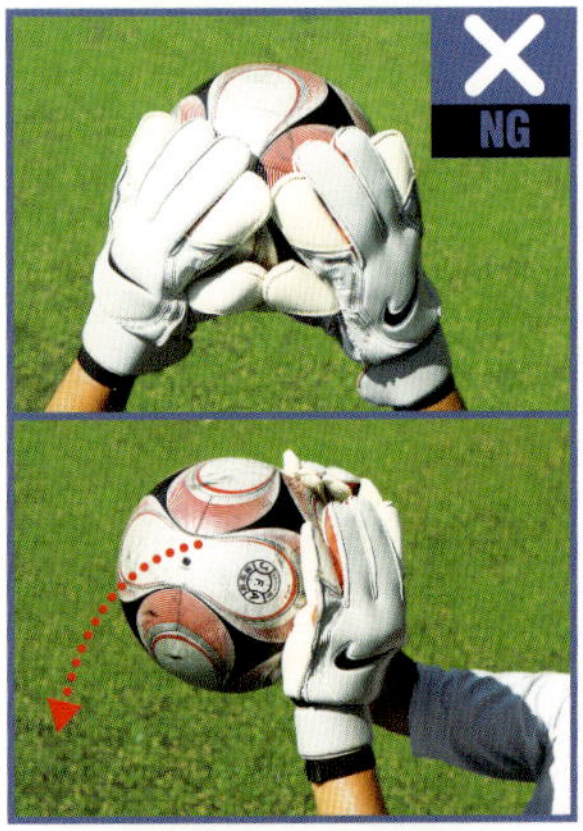

両手をくっつけてしまうと、小指がボールの奥へ回らず、前にこぼしてしまうミスが出やすい。

両手を離し過ぎる

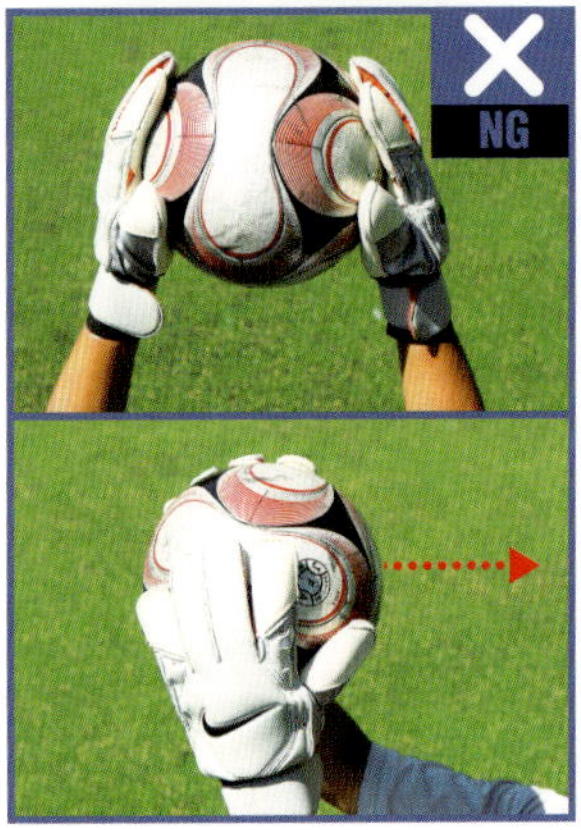

両手が離れてしまうと、ボールの勢いを止められずに後ろに逃がしてしまうミスが出やすい。

台形の形を意識

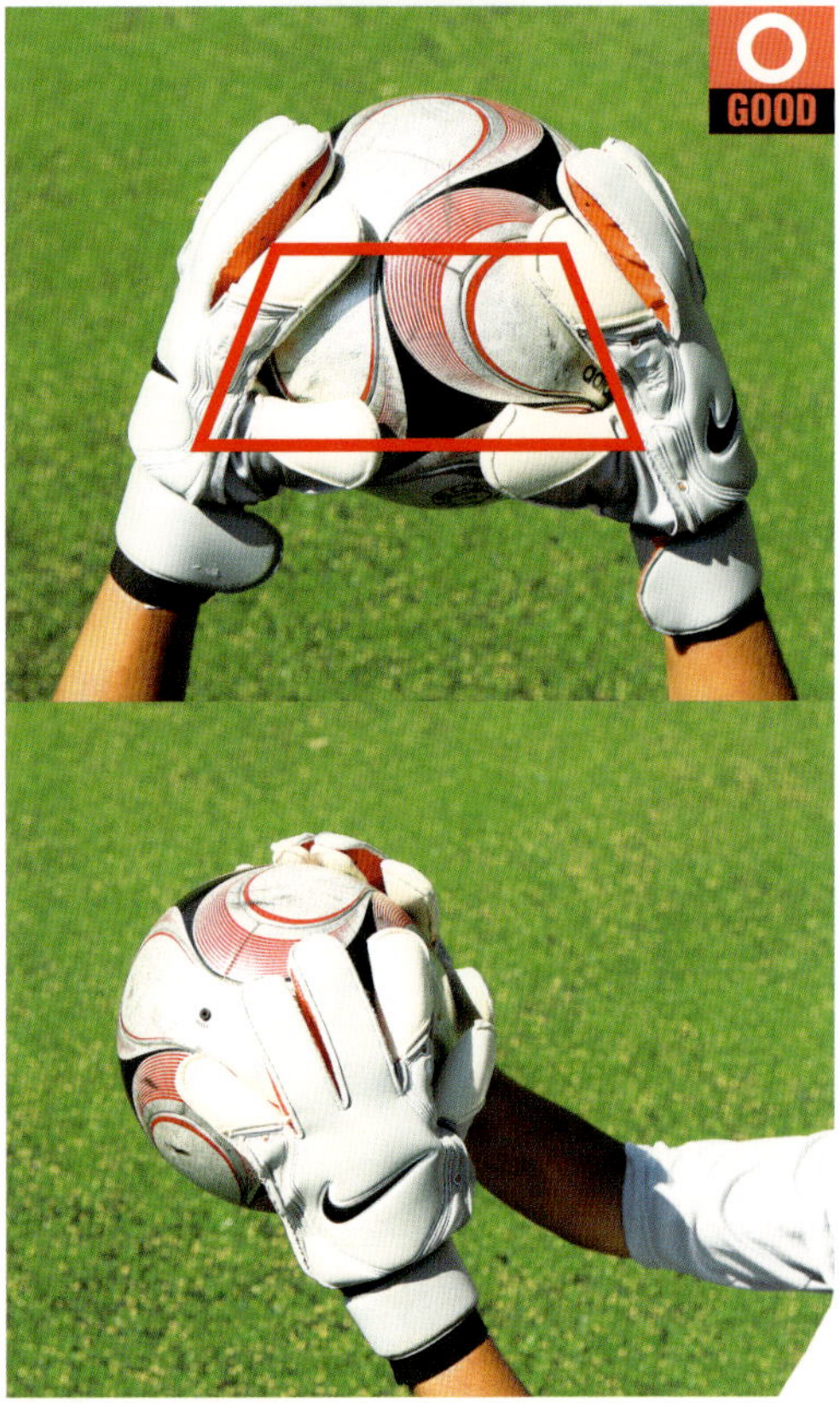

人差し指と親指で台形ができる形を意識する。ボールの勢いを吸収しながらしっかりとボールをつかむことが大切だ。

手で台形の形を作って ヒジの曲げを使う

正しい姿勢とポジショニングの基本を覚えたら、次はボールのキャッチングの基本を身につけよう。

最初は正面に来る浮き球から覚えたいが、ポイントはキャッチしたときの手の形を意識すること。両手の人差し指と親指を少し離し、それぞれの指で台形の形をイメージしてボールを受ける。この形だとボールの勢いを受け止めつつ、しっかりとキャッチしやすい。

逆に両手をくっつけてしまったり、離し過ぎたりすると、ボールをこぼしやすくなるので注意。また、ヒジを軽く曲げた体勢でボールをしっかり見ながら受けられるようにし、受けたらさらにヒジを曲げて、ボールの勢いを吸収できるようにしよう。

浮き球のキャッチングの流れ

ボールをよく見てコースに合わせて手を出す。

ヒジを曲げた状態でボールをキャッチする。

ヒジをさらに曲げてボールの勢いを吸収する。

ヒジを軽く曲げてキャッチする

ヒジを伸ばしたまま受けると、目から遠くなってボールをこぼしやすい。

軽くヒジを曲げ、ボールをしっかり見てキャッチできる位置で受ける。

ヒジを曲げ過ぎて受けると、ボールが顔に近くなって恐怖心で顔を背けやすい。

基本プレーのチェック

ポイント ❹

グラウンダーのボールのキャッチング

グラウンダーのキャッチングの流れ

1
ボールをよく見てボールが来るコースの正面に構える。

小指から地面につける

小指を地面につける意識で、できるだけボールの下に手を入れ、ボールが手を通って胸に転がってくる道を作る。

両手を地面につけて手から胸に抱えこむ

浮き球のキャッチングの次は、正面に来るグラウンダーの(転がる)ボールのキャッチングだ。

大切なことは、ボールを弾かずにきちんとキャッチすること。低い姿勢で両手を地面につけてボールを迎える。そして、手を通って胸にボールが転がりこんでくるようにして、最後は胸を使ってボールを抱えるようにキャッチする。強いボールが来ても、体全体を使って勢いを吸収するのだ。

このときに足を開いたり、手だけでキャッチしようとすると、ミスが出やすいので注意。もちろん、ボールはいつも構えている正面に来るとは限らない。横に飛んできたボールは、正面に回りこんでからキャッチするようにしよう。

2

CHECK!
片方のヒザをつけて両足の間の空間をなくす！

両手を地面につけてボールを迎え入れる。

CHECK!
低い姿勢で両手を地面につける！

3

CHECK!
体全体でボールの勢いを吸収する！

ボールが地面から手を通って胸に抱えこむようにキャッチ。

両手を上から差し伸べ、手だけで押さえようとすると、速く強いボールが来たときにファンブルしやすい。

片ヒザをつけずに両足を開いた状態でキャッチにいくと、トンネルのミスが出やすい。

POINT CHECK!

できるだけ正面でキャッチする

GKのキャッチングの基本は、なるべく体の正面でボールを取ること。自分の構えている横に来たボールでも、すばやくステップを踏んで移動。できるだけ体の正面で、この基本のキャッチングができるように努めることが大切だ。

ボールが横に来たら、ステップを踏んでボールの正面に体を移動する。ステップした側のヒザを立て、もう一方のヒザを地面につけて胸に抱えこむようにキャッチ。

セービング 1

斜め前に飛ぶ

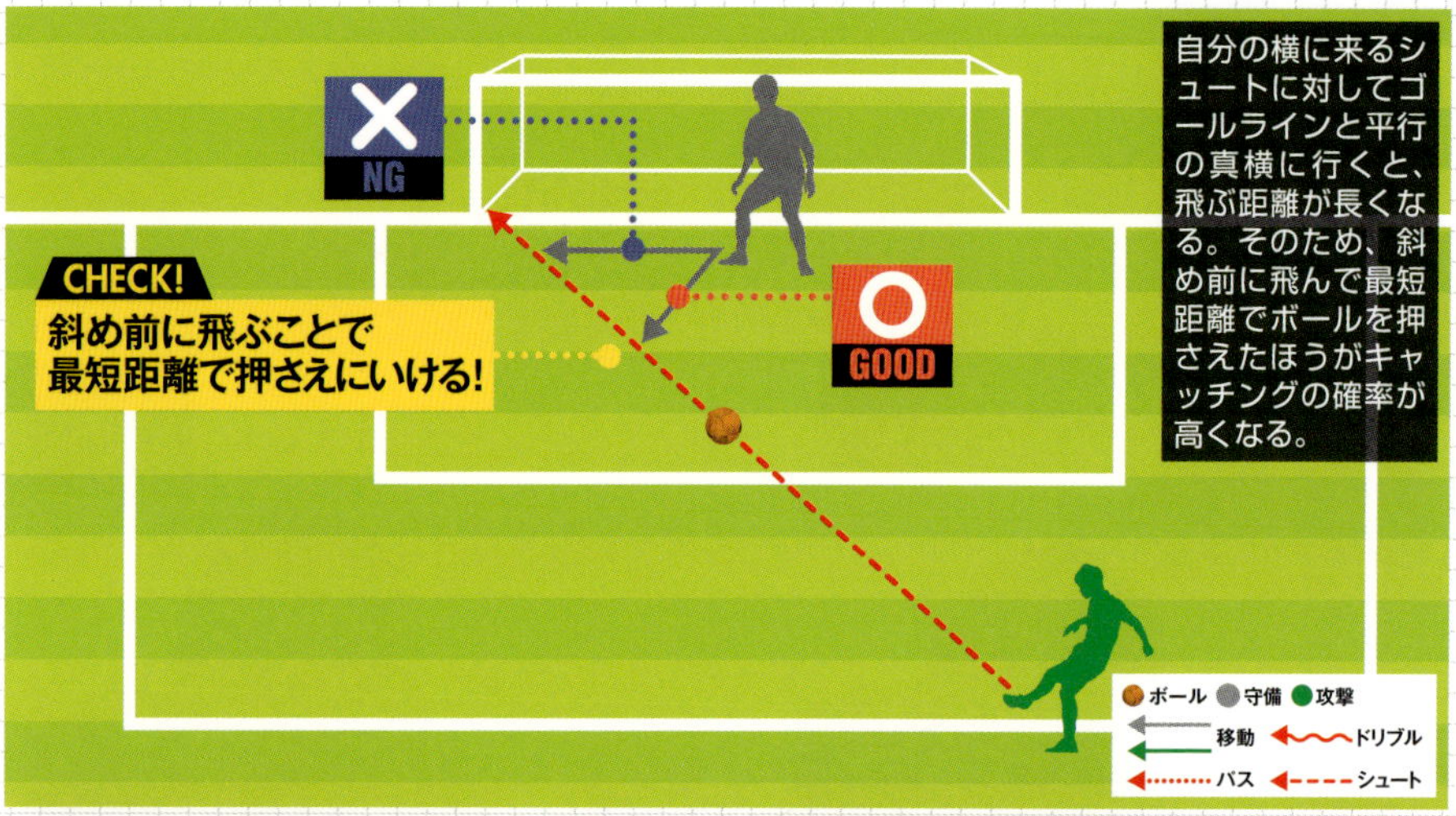
NG
CHECK!
斜め前に飛ぶことで最短距離で押さえにいける!
GOOD
自分の横に来るシュートに対してゴールラインと平行の真横に行くと、飛ぶ距離が長くなる。そのため、斜め前に飛んで最短距離でボールを押さえたほうがキャッチングの確率が高くなる。
ボール
守備
攻撃
移動
ドリブル
パス
シュート

NG
真横に飛ぶとコースが遠くなり、体重が後ろへかかることでミスしたときに次のアクションがとりにくい。

GOOD
斜め前に飛んで最短距離で押さえにいくことで、ボールをこぼしたときでもすぐにカバーできる。

斜め前に飛んで ボールを押さえる

グラウンダーのボールは、なるべくコースの正面に移動してキャッチするのが基本だが、正面に回り切れないボールの場合は、横っ飛びのセービングでボールをキャッチしよう。

横っ飛びというと、ゴールラインと平行に真横に飛ぶと考えがちだ。しかし、基本は足を一歩前に踏み出し、斜め前に飛ぶことを意識する。このほうがシュートに対して最短距離で出ていけるし、もしボールをこぼすミスが出ても、後ろに距離があるぶん取り返しがきくこともあるからだ。

逆に真横に飛ぶと、シュートまでの距離も長くなり、ボールをこぼすミスが出ると、そのまま失点というケースも出てくるので注意だ。

セービングの流れ

横に倒れたとき、地面と上から挟みこむようにキャッチすると、速く強いボールに対応できない。

両手でボールの後ろと上を押さえ、地面に押さえつけるようにして3点でボールをストップする。

ボールのコースをよく見て横っ飛びのセービングと判断する。

CHECK!
着地の衝撃でボールをこぼさないように！

両手でボールを地面に押さえつけるようにキャッチする。

CHECK!
ボールに近いほうのヒザを深く曲げて飛ぶ！

構えている位置からボールに向かって低い姿勢で斜めに飛びこむ。

POINT CHECK!

身体が反って後ろに残らないようにする

セービングのときに斜め前に飛ぶには、足を一歩踏み出して上半身も一緒に低い姿勢で出ていくことが大切だ。しかし、このとき上半身だけが後ろに残ってしまうミスをする人が多い。体が反ってしまうと、前に飛べないので気をつけよう。

足を一歩踏み出しても身体が反ってしまうと、結局後方に飛んでしまうことになるので注意。

セービング 2

ボールを弾くセービングの流れ

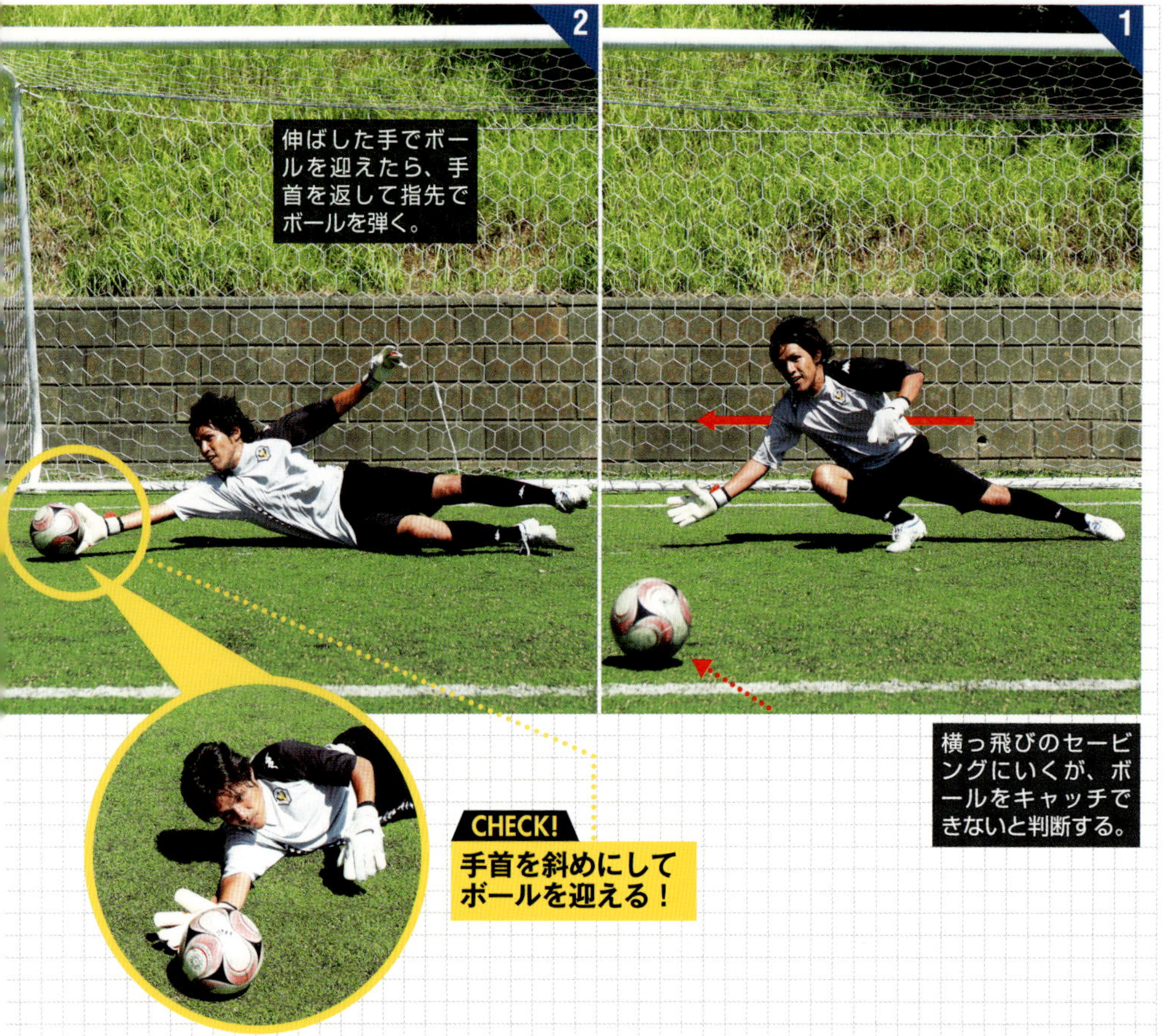
2
1
伸ばした手でボールを迎えたら、手首を返して指先でボールを弾く。
横っ飛びのセービングにいくが、ボールをキャッチできないと判断する。
CHECK!
手首を斜めにしてボールを迎える！

ボールを弾く技術と浮き球の横っ飛びキャッチ

グラウンダーのボールに対して斜め前に横っ飛びしても、ボールが遠かったりスピードがあってキャッチできないケースも考えられる。キャッチできないと判断したときは、ボールを弾く技術が必要だ。ただし、手でただ触るだけでは、勢いに負けてゴールに押しこまれることがある。そこで、手首を返して指先でボールの動くコースを変える必要があるのだ。

また、浮き球への横っ飛びのキャッチングは、基本はグラウンダーの動きと同じだが、体が空中に浮くぶん、着地の衝撃でボールをこぼしてしまう危険性がある。まずは着地への恐怖心を克服し、しっかりとボールを抱えこむようにすることが大切だ。

横っ飛びキャッチの流れ

1
足を斜め前に一歩踏み出してジャンプする。
2
空中でボールをしっかりとキャッチする。
3
CHECK!
体の側面で着地の衝撃を吸収！
ボールを体の前で押さえてこぼさない。

3
シュートコースを変え、ゴール枠からボールが外れるようにする。
CHECK!
手首を上に返すようにしてボールを弾く

POINT CHECK!

まずは立てヒザの体勢からトレーニングする

ジャンピングしてのキャッチは、最初は着地の恐怖があるだろう。そこで、まずは立てヒザの姿勢を作ってからボールを投げてもらい、それをキャッチする練習から始めてみてほしい。何度もキャッチすることで、体の側面から着地する感覚を養い、その恐怖心を克服しよう。

立てヒザの姿勢を作って浮き球のボールをキャッチし、体の側面から地面に倒れこんでいく。

セービング 3

浮き球を弾くセービング

ゴールに近い位置でボールを弾くと、バーに当たる危険性がある。

できるだけクロスバーの手前で触ってコースを変えて枠外に出す。

ゴール上方にシュートがきて、キャッチできないと判断したときは、手を伸ばしてボールを弾き、ゴール枠外に出す。

左上は右手、右上は左手というように逆サイドの手を出していくことが基本。ただし、横方向が届かないギリギリの状況では、同サイドの手に切り替える。

空中のボールを弾く技術とパンチングをマスターする

浮き球で向かってきたボールをキャッチングできない場合、手で弾いてふせぐテクニックが必要だ。注意したいことは、自分の前にボールをこぼさないようにすること。ゴール前につめてきた相手の2次攻撃を受けてしまうからだ。相手の攻撃を一度断ち切るために、必ずゴールの外かピッチの外へ弾くようにしよう。

また、ボールを両手もしくは片手で弾き返すパンチングは、クロスボールなどがゴール前に上がり、キャッチングできないと判断したとき、または正面でキャッチできない速いシュートなどに有効なプレーだ。ボールを弾くときはミートを心がけ、なるべく遠くへボールを飛ばすことが大切になる。

片手でパンチングの流れ

左から浮き球が来たが、相手も前にいるのでキャッチできないと判断。

片腕を伸ばしてミートを心がけて片手でボールをパンチング。

CHECK!
逆サイドの遠くへパンチング!
ボールを逆サイドの遠くへ、コースを変えるように飛ばす。

両手でパンチングの流れ

CHECK!
相手と接触してボールをこぼしそうな状況！
浮き球が来たが、相手も前にいるのでキャッチできないと判断。

腕を伸ばしてミートを心がけて両手でボールをパンチング。

なるべく遠くへボールを飛ばして次のプレーへの時間を作る。

片手パンチングの手の動き。ミートを心がけ、下からボールをポンと押してあげるイメージ。

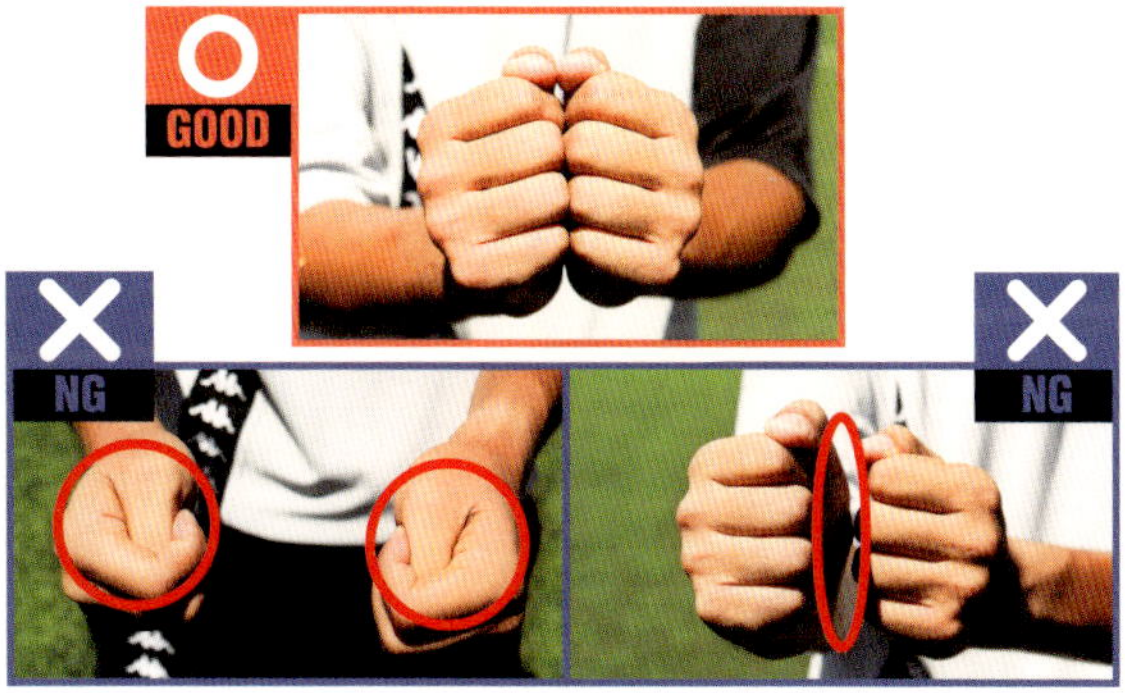
GOOD
NG
NG
グーにした両手をそろえてパンチングすること。両手を離したり、親指を手の中に入れたりすると正確なミートができなくなる。

クロスボールをキャッチする

クロスボールをキャッチする流れ

1
CHECK!
ボールの軌道やスピードを見て落下点を見極める!
ボールの行方を見ながら落下点にすばやく入っていく。
2
落下点に入ったら、ゴール側に近い足でジャンプする。
3
相手が飛びこんでくる側の足は曲げてブロックに使う。
ブロック足
踏み切り足
CHECK!
ゴール側の足は踏切足、逆側はブロック足!

体のバランスを崩さない範囲でできるだけ高い位置で取る

サイドから上がってくる、クロスボールをキャッチするテクニック。ゴール前では、相手もヘディングシュートを狙って飛びこんでくるが、そんな状況でも体のバランスを崩さず、なおかつ手を伸ばしてできるだけ高い位置でキャッチすることがポイントだ。

ただし、高い位置で取ることを意識しすぎると、体が反って体重が後ろにかかり、かえってバランスを崩すミスが出やすいので注意したい。ゴール側の足で踏み切り、逆足は曲げて相手をブロックする、キャッチ後は胸でボールを抱えるなど、基本をしっかりと身につけておくこと。最初は自分で投げたボールをキャッチしたりしてフォームを固めていこう。

4
体のバランスを崩さないギリギリの高い位置でキャッチ。
5
ボールをしっかりとつかんで着地体勢に入る。
6
ボールを胸に抱えて体からこぼれないようにする。
CHECK!
すばやくボールを胸に抱えこむ！
7
なるべく両足で着地することで、体のバランスを崩さない。

POINT CHECK!

ボールが見えるように顔の斜め上でキャッチする

体のバランスを崩さないでキャッチするには、自分の体よりも前でボールをつかめたほうがいい。目安としてはボールが見える、顔の斜め上でキャッチできるように心がける。体が反るような後ろ体重はボールを見失いやすく、バランスも崩れやすいので避けよう。

○
GOOD

ボールがよく見える、自分の体の前でキャッチできるようにする。

×
NG

体重が後ろにかかると、バランスが崩れてボールをこぼす危険がある。

スローイング

アンダースローの投げ方

1
CHECK!
手のひらと手首でボールを固定する！
ペナルティーエリア外のすぐそばなど、近くの味方に渡したいとき。
2
CHECK!
低い位置から真っすぐの回転で投げる!
ボールが弾まないように、低い位置でボールをリリース。
3
味方がコントロールしやすいようにグラウンダーのボールを送る。

NG

高い位置からボールをリリースすると、ボールが弾んで味方がコントロールしにくい。

NG

片足を踏み出さずに両足をそろえて投げるとボールに勢いが出ない。

状況に合わせた3種類のスローを覚える

ボールをキャッチしてマイボールにしたら、すぐに攻撃に切り替えて味方にボールをつなげたい。味方へ確実にボールを渡す手段としては、ボールを手で投げるスローイングがあり、自分から近いところへ投げる順に3種類がある。

近くの味方へグラウンダーのボールを渡すには、下から投げる「アンダースロー」。それよりも少し遠い味方へつなぐには、横から投げる「サイドスロー」。遠くの味方へは、上から投げる「オーバースロー」だ。人によって、もちろん投げられる距離は違ってくる。どの投げ方でどのくらいまで届くのかを把握しておき、状況に応じてこの3種類のスローを使い分けられるようにしておこう。

サイドスローの投げ方

1

アンダーでは時間がかかり過ぎる、やや距離がある味方に渡したいとき。

CHECK!
投げる方向に左足をまっすぐ踏み出す！

2

腰を落とした低い体勢で、体の横から腕を振ってリリースする。

CHECK!
腰を落とすことでボールの弾みをおさえる！

3

ボールが大きく弾まないようにフォロースルーをしっかりととる。

オーバースローの投げ方

1

サイドでは届かない、遠くにいる味方に正確につなぎたいとき。

CHECK!
胸を張って全身の力をボールに乗せる意識！

2

全身を大きく使う意識で体の上からボールをリリースする。

CHECK!
ヒジを曲げずに腕のしなりで投げる！

3

振った腕が体の反対側に入るくらいしっかりとフォロースルーをとる。

●監修者

冨樫剛一（とがし こういち）

1971年7月15日生まれ。神奈川県出身。

中学時より東京ヴェルディの前身、読売クラブの下部組織でプレーし、1990年にトップチーム入り。Jリーグスタート時のヴェルディ川崎の黄金期の一員としてプレーした。

その後、横浜フリューゲルス、コンサドーレ札幌でプレー。

引退後はコンサドーレ札幌コーチ、ジュニアユースコーチを務めた後、東京ヴェルディスカウト、ジュニアユースチーム監督を経て、現在は東京ヴェルディユースチームコーチを務める。

●モデル

（右から）
沖田政夫・育成GKコーチ（おきた まさお）
富所 悠（とみどころ ゆう）
大木 暁（おおき さとる）
岩渕慎太郎（いわぶち しんたろう）
児玉 宗士（こだま しゅうと）

●取材協力 ―――― 東京ヴェルディ

●執筆協力 ―――― 菊地芳樹（きくち よしき）

1971年生まれ。神奈川県出身。

明治大学卒業後、サッカー、ゴルフ専門誌の記者を経て、1998年フリーに。スポーツ誌、サッカー専門誌などで原稿を執筆。サッカーのほか、フットサルの実用書も数多く手がけている。

●執筆協力／菊地芳樹
●写真撮影／高橋学・小内慎司
●本文デザイン／志岐デザイン事務所（熱田肇）
●撮影協力／東京ヴェルディ

サッカー 守備メソッド

個人技・グループ戦術を極める！

2009年6月29日 初版発行
監　修 冨樫剛一
発行者 佐藤龍夫
発　行 株式会社 大泉書店
住 所　〒162-0805 東京都新宿区矢来町27
電 話　03-3260-4001（代）
FAX　03-3260-4074
振 替　00140-7-1742
印刷　図書印刷株式会社
製本　株式会社明光社

落丁、乱丁本は小社にてお取替えいたします。
本書の内容についてのご質問は、ハガキまたはFAXにてお願いいたします。

URL http://www.oizumishoten.co.jp/
ISBN 978-4-278-04913-8 C0075